ぜんぶ、すてれば

中野善壽

Discover

ぜんぶ、すてれば

不確実で変化の激しい時代。
個人の力が試される時代。
人生一〇〇年への備えが必要な時代。

日々の膨大な情報に対応し、
新しい技術や価値観へのアップデートが求められる。

過去の事例にはもはや頼れない。
ロールモデルも、人生プランも、描けない。

自分の意見や考えを持ち、
世の中に発信しなければならない。
しかし、実績も経験もなく、自信がない。

先の見えない将来のことを考えると、
不安で頭がいっぱいになり、疲弊してしまう。

こんな時代で生き残るには、
どのような知識を持ち、
いかなる力を身につけなければならないのか。

何も、必要ありません。
ぜんぶ、捨てればいいんですよ。

中野善壽《なかのよしひさ》、七十五歳。
伊勢丹、鈴屋で新規事業の立ち上げと海外進出を成功させる。
その後、台湾へ渡り、大手財閥企業で経営者として活躍。
二〇一一年、寺田倉庫の代表取締役社長兼ＣＥＯに就任。
大規模な改革を実施し、老舗の大企業を機動力溢れる組織へと変貌させた。
その手腕と独自の考え方、そして人柄により、各界の著名人に慕われている。
一方で、メディアにはほとんど姿を現さず、
社員にさえ、本当に実在するのか疑われていた、異端の人物。

その生き方の根幹にあるのは「何も持たない」こと。
家や車、時計は持たない。お酒もタバコも嗜まない。
お金も若い頃から、生活に必要な分を除いてすべて寄付している。

何も持たないからこそ、
過去に縛られず、未来に悩まず、
今日を大切に生きることができる。

本書は、中野氏の話を聞くことにより浮かび上がった
現代を前向きに、楽しみながら生きるためのヒントを
短い言葉と文章にまとめ、紹介する。

今日を、生きる

今日がすべて。
颯爽《さっそう》と軽《かろ》やかに、ぜんぶ捨てれば。

僕が何より伝えたいのは、「今日がすべて」という言葉です。
情報が多く、将来のことも、周りの人も気になる時代において、
「今に集中する」のはどんどん難しくなっているのかもしれません。
しかし、事実として、夢中になって楽しむことができるのは今しかありません。
今この瞬間、ここにいる自分をもう一度見つめてみる。
過去にとらわれず、未来に揺さぶられず、

確かに味わうことができる今日に集中して精一杯楽しむ。
その結果は、先々にいろんな形となって巡って来るはずです。

明日地球が滅びるかもしれないし、誰かをあてにしてもしょうがない。
自分を花開かせることができるのは、自分自身に他ならない。
すべては因果応報。将来をつくるのは、今日の自分。
今日の自分を妨げるものはぜんぶ捨てて、
颯爽と軽やかに、歩いていこうじゃありませんか。

今日できることは、今すぐやる。明日死ぬかもしれないから。

僕は目覚めるとすぐ、スタッフに電話で指示を出します。
そのあと風呂や朝食、お祈りなど、支度をしてから出かける直前にもう一度電話。
「あれやった?」と。
最初の電話から二時間くらい経っていますから、進捗を聞きます。
それから出かけて、お昼くらいにまた「どうなった?」。
ずいぶんせっかちですね、と笑われそうですが、僕はそうは思わない。

なぜって、明日死ぬかもしれないから。
「明日がある」という希望は持つべきだけれど、
本当に明日が来ると信じてはいけない。
僕は七十五年以上を生きてきたから、
「明日が来ること」が絶対ではないのだとわかります。

今日できることは、今日のうちやる。今すぐやる。
「何から先にやればいいのか」なんて考えなくていい。
思いついた順に、なんでもすぐやれば、後悔することはありません。

周りになんて、合わせなくていい。自分の中のレジスタンスを守り抜く。

大きな何かを成し遂げようなんて、思わなくていい。
自分の中に自然と生まれる「小さなレジスタンス」に目を向けて、
蓋をしないようにするだけでいい。
無力感を抱く人には、そう伝えたいですね。

レジスタンスとは「抵抗」。

「自分はそうは思わないんだけどな」とふと感じた
〝違和感〟を大事にしてほしいと思います。

周りと合わせないといけない、という全体主義・同調主義は危険です。
あまりにその圧力が強いと、本当に危険な時に自分の判断で
逃げ出すこともできなくなるし、全員揃って破滅の方向に行くリスクも高くなる。
だから、抵抗心が芽生えたら、それを守り抜くようにしてほしいと思います。

同時に、相手のレジスタンスを尊重する。
自分に対して反対意見を言われた時には、カチンと来るかもしれません。
でも、そこには将来につながる可能性が隠れている。
自分には思いつかなかった筋道を差し出されたチャンスだと考えたほうがいい。

人の評価は気にしない。
自分自身が納得できるか。

人にどう思われようが、関係ない。
僕はそういう性格です。
相手が上司だろうが、先輩だろうが、
「こんなこと言ったら、悪く思われるんじゃないか」
と心配して口をつぐむようなことは、若い頃からほとんどありませんでした。
数年長く生きただけの先輩と僕の考えに、

天と地ほどの差はないはずだろうと思っていましたから。

反骨精神というのかな。そういう態度は、子どもの頃から変わらないんですよ。
忘れもしない、小学五年の秋にやっと出してもらえた野球の試合。
点差が開いて負けている局面のワンアウトで立った打席で、監督の指示は「バント」。
え？　それじゃ勝てないだろう？　と思ってバットを振ったんです。
監督に呼ばれて「お前、サインを見間違えているぞ。バントだ」と言われたけれど、
「おかしくないですか？」と口答えしてね。「いいからやれ」という指示も聞かずに、
思い切り振っちゃって空振り。
戻ったらビンタを張られて、以来一度も試合に出させてもらえなかった。

けれど、後悔はしなかったですね。
やっぱり自分自身が納得できないことだけは絶対にしたくない。
自分に対して恥ずかしいことは、誰に何を言われようがやりたくない。
そういう気持ちが強いんでしょうね。

準備万端の日は一生来ない。何も考えず、思い切ればいい。

野球の試合を観ていると、その選手がヒットを打てるかどうかは、打席に立つ前からわかります。

ウェイティングサークルからバッターボックスに行くまでの間に、不安を背負っているような感じが見えたら絶対にダメ。

あれこれ考えたってしょうがない。無心になって、思い切りバットを振る。

結果はどっちにしても三回に一度の確率程度のヒット。

野球は打席が回って来るけれど、
仕事や日常生活では打席のタイミングは自分で決めなきゃいけないことのほうが多い。
「まだ早過ぎる。準備ができていないから」なんて言っていたら、
いつまで経っても打席に立てない。
「準備万端の日」は一生やって来ないと思ったほうがいい。上には上がいるんだから。
僕はいつも行き当たりばったりで、それなりに失敗もしたけれど、
今こうやって楽しく生きている。

何かを気にするよりも大事にすべきなのは、自分に嘘をついていないか。
できることは精一杯やってきたよな？　と自分に問いかけて、
嘘がなければ、思い切ればいい。
大丈夫。また打席はやって来る。

やりたいことが、なくてもいい。正直であれば、道は開ける。

ここであらためて、僕がどうやって社会人としてやってきたか、お話ししましょうか。

小学校から十三年間、大学まで野球大好き人間だった僕は、中学高校までは勉強ができたほうだったけれど、大学に入ってからは「オール可」。大学の授業に出た記憶は五回しかないものだから、ひどいもんです。友人たちが裏でカバーしてくれて、ようやく卒業です。

千葉の大学で野球をやり、「プロになれたらいいな」と思ったこともあったけれど、実力不足の上に怪我をして断念。

だったら就職先を探さないといけないはずなんだけど、ちっとも真剣に考えず、周りの同級生がさっさと内定を決めて遊んでいるのを、ぼーっと眺めていました。

なんで就職活動に身が入らなかったかというと、やりたいことがなかったからです。

当然と言えば、当然ですよね。

まだ社会に出ていないんだから、どんな仕事があるかもわからない。

僕は自分に嘘をつくのは大嫌いだから、

「やりたいことも行きたいところもないなぁ」とだけ考えていました。

でもね、今となっては、正直でよかったと思いますよ。

正直にぼーっとしていたことで、思わぬ道が開けたんですから。

目の前の人に導かれるまま。第一歩を踏み出す。

卒業間際になっても就職先を決めない僕の背中をおしてくれたのは、ちょっと意外な人でした。

その頃、僕が毎日欠かさず立ち寄っていた花屋のおばさん。

当時、僕は質素な学生寮に住んでいました。

決してきれいとは言えない殺風景な日常に、せめて彩りをと、花屋の閉店間際に一輪だけ買いに行っていたのです。

そのうちお店のおばさんと顔馴染みになって、

「今日はもう売れ残りだから、これ持って行っていいわよ」

と差し出してくれる時もありました。

その日も世間話のついでに、おばさんが聞いてきたのです。

「ところで、中野くん、就職はどうするの」

「いや、まだ決まってないんです」

「ダメな学生だねー。行きたいところ、ないの？」

「ないんです」

「本当にないの？」

「ないです。やりたいことも特に見つからなくて。なんでもいいんです」

「それだったら、うちの従兄弟が勤めている会社があるから、聞いてみてあげる」

そうやって紹介されたのが、新宿にある百貨店、伊勢丹。

僕の就職は、花一輪の導きで、急展開となったわけです。

できることが、なくてもいい。こだわりがなければ、なんでもできる。

野球漬けの学生が毎夕、花一輪を買っていたというエピソードは、伊勢丹の入社面接でも好意的に聞いてもらえました。

ただし、僕は肝心の伊勢丹という会社について、何も知らない。百貨店といえばアルバイトをしたことのある西武くらいしか知らなかったし、試験対策なんて一切していなかったからテストはボロボロ。

「君は何ができるの?」

「何もできません」

「じゃあ、うちに入ってからどんな仕事をやりたいの？」

「特に希望はありません」

そんなやりとりに、面接官の専務も苦笑い。

それでも入社できたのは花屋のおばさん、
そして多面的に人をみてくれた優しい会社のおかげです。

といっても、さすがにまともに入ってきた他の新入社員と同じ扱いにはならず、
配属先はできたばかりだったマミーナという関連子会社に。
後に「アナスイ」や「ケイタマルヤマ」を展開する婦人服専門店事業で、
これがファッション業界でキャリアを歩むようになった出発点でした。
立ち上がったばかりの会社だったから、
仕事はなんでもやらせてもらえて面白かったですよ。
「何もやりたいことがない」というこだわりのなさが引き寄せた幸運でした。

会社はただの箱でしかない。愛社精神なんて持たなくていい。

自分はなんのために働くのか。

答えは一つ。自分のため。「会社のため」じゃない。

「家族のため」というのも、ちょっとあやしい。

自分が好きで、楽しいから、目の前の仕事をやっている。

会社というのは、人間が仕事を楽しくするための手段であり、ただの〝箱〟でしかない。

会社は自然界に最初からあったものではなく、

人間によってつくられたシステムなのだから、
人間が会社に使われるようでは、逆転現象もいいところ。
だから、「会社のため」と身を犠牲にして働くのは、ちょっと変だと僕は思う。
愛社精神を強いるのもおかしい。
仕事に対してドライであれ、と言っているわけではなくて、
「働く主《あるじ》は、あくまで自分である」と握っておくべきだということ。
仕事に没頭したい時期があれば、どれだけ遅くまで残って働いてもいいと僕は思う。
僕も若い頃は徹夜で会社に残った時もあったけれど、
「どうしても今日中にやり遂げたい」「自分がやりたいからやっている」
という感覚があったから、まったく苦痛ではありませんでした。
なぜなら、がんばっていたのではなく、夢中だったからです。
人が中心で、会社が道具。この関係性を間違えないようにしたいですね。

とにかく進め、だけでは危険。いつでもやめられる勇気を持って。

車にアクセルとブレーキがあるから安全に走れるのと同じように、人間も「進む」と「止まる」をバランスよく使い分けないといけない。

若いうちは「とにかくなんでもやってみなさい」と助言を受けることが多いでしょう。

しかし、進んだら進みっぱなしというのもよくない。

常に周りに吹く風の変化を感じながら、「あれ？」と思ったら立ち止まる。

「これ以上進んだら危険だ」と察したら、迷わずブレーキを踏むのが大事。
どうせ何をいつ始めても、成功する確率は百個に一個くらいのものでしょう。
だから、止まる力こそが、安全維持のためには大事なのです。
「進みなさい」と「いつでも止まっていい」はセットであると考えてみる。
そのほうが、かえって気軽に挑戦しやすくなりませんか。

目標はいらない。がんばり過ぎたら、やめていい。

始める勇気と同じくらい、大事なのは〝やめる勇気〟。
じゃあ、どうやって〝やめどき〟を見極めるかと聞かれたら、
「がんばり過ぎている」と気づいた時じゃないかと答えます。

こだわるべきは細部ではなく、大きく自然な流れをつくること。
不自然な力みが生じたり、「どこか自分らしくないな」と感じたとしたら、

そろそろやめる時期だと思ったほうがいい。
やめる時に最大の邪魔者になるのは、過去の自分です。
「ここまでやったんだから」という蓄積が重い足かせになっている人を、
たくさん見てきました。
しかし、それをずっと引きずって未来はあるのか？
と一度考えてみたほうがいい。周りの風景はずいぶん変わってはいないだろうか？
「目標を高く持って、目標に向かって突き進め」というのは
明治時代の欲を前提にした富国強兵の精神です。
そんな目標を持たなくたって、人は目の前の幸せや楽しみのために生きていける。
それが成熟した国に生きる、摂理ある人のあり方ではないでしょうか。

五年後なんて考えなくていい。今日を楽しく、夢中になれることに集中する。

伊勢丹に入り数年後、
僕は先輩とケンカして会社を辞めることになりました。
発端は、いつものように僕が思いついたことをポンポン発言したこと。
当時、ライバル店だった三越に負けないためには、
同じブランドの服を並べたってしょうがないと僕は思っていたんですよ。
なぜなら新宿の駅からの人の流れを考えると、

奥にあった伊勢丹のほうが不利でしたから。
「今のままじゃ、ダメじゃないですか?」と先輩に言ったら、カチンときたみたい。
わけもわからない若造が一歩も引かないから揉めごとになり、
身を引くことになってしまいました。人生は何があるかわかりません。
せっかく入ったのに、という未練はなし。
最初から自分に何ができるとも思っていないし、
三年後、五年後にどうしていたいかなんて考えたこともない。
大事なのは今日楽しく働けるかであって、
自分にできそうなことがあれば一生懸命やってみる。その繰り返しだけなんです。
将来についてはあまり具体的に描き過ぎず、
ぼんやりとしているくらいがスケールの大きなことができるんじゃないですか。
あとは日々の小さな幸せ。
例えば、「隣の部署のあの子、かわいいなぁ。今度食事に誘ってみようかな」。
そんな小さな楽しみを、日々のモチベーションにしていました。

世の中に安定はない。常に流れるのが自然の摂理。

最近の若い人に「安定志向」の傾向があるそうです。
変化が激しい世の中で、少しでも落ち着けるよう願う学生も多いのだとか。
僕が言いたいのは一つ。世の中に安定というものは存在しません。
永久に存続する企業もないし、自治体だっていずれは消えていくと言われます。
そもそも僕たち人間が生かされている自然世界そのものが、
常に流れ、変化をし続けているのであって、今日と明日で一つとして同じものはない。

一日単位では気づきにくい微々たる変化だったとしても、
大きな流れの中では激動している。

そんな世界の中で必要になるのは、安定を求める心ではなく、変化に対応する力。
冷たい風を一瞬感じて立ち止まる力。
そして、足先の方向をクルッと変えて、また颯爽と歩き出す力。
変化に強い自分を鍛えていくことを、若い人にはおすすめします。

人生は取るに足らないもの。宇宙の中の一瞬のまばたき。

「思い切ったことをしたいのに、勇気が出ない」と踏み出せない人は、こんなふうに思ったらいい。
地球のずっと外側、宇宙空間から眺めてみれば、
自分の人生なんて、見えるか見えないかの取るに足らないもの。
人が一人、生まれて死ぬまでの時間は、
宇宙に流れる時間のほんの一瞬、まばたきにも満たないほどでしょう。

それは誰もがそうであって、この世に存在するものすべてがそう。
大したことはないし、この世に永久に役立つものなんてつくり出せない。
そう思えば、なんでも気楽にやってみてもいいんじゃないかと、
踏ん切りがつきませんか。
そう、自分が役に立つ存在になるなんて考えるのは奢りです。
もちろん役立とうとする努力は大切ですが、
今日一日を楽しくありがたく味わって過ごしたい。
仕事で失敗したって、明日死ぬわけじゃない。
なんでも許される若い時ほど、肩の力を抜いて思い切ればいいと思います。

日本の経営者の中でも〝破格〟の存在

隈《くま》研《けん》吾《ご》

中野さんとのお付き合いが始まったのは10年ほど前。突然、「隈さんにお会いしたい」と、うちの事務所を訪ねてきてくれたのがきっかけでした。

僕も「寺田倉庫が天王洲というエリアを舞台に面白いことをやっているな」と注目していた頃だったので、お会いしてみたんです。すると想像以上に面白くて、〝破格〟の方だとすぐに分かりました。

中野さんは日本の経営者の中でも別格の存在です。まず、ものごとを決める時に、自分の直観を大事にする。「これがいい。これで行く」と決めたら揺るぎがない。自分がいいと感じたものを、心の底から信じられるから迷いがない。

僕はいろいろな建築物のプロジェクトを進める中で、日本企業特有の合議に基づく意思決定のあり方に常々疑問を感じてきましたから、中野さんのリーダーシップには

「こうでなくちゃ」という気がしましたね。意気投合して、以来、一緒に食事をしたり、旅をしたりする仲が続いています。

センスの本質について

中野さんとはいろいろな話をしますが、印象に残っているのは、〝センスの本質〟についての話。

「隈さん、ここのレストランは空間も素晴らしいでしょう。建物や調度品や音楽、カトラリー、ユニフォームのセンスもいい。だから当然、食事も美味しくて美しい。僕は建築と食事は分かち難いもので、全部つながっていると思うんだよね」

そんな話を聞きながら、なるほどたしかにと腑に落ちました。同じ発想で、よい建築をつくるには、感性に響く食体験をすることも大切なのではと考え、日頃から意識するようになりました。

個で立って生きる

中野さんの生き方にセンスを感じるのはなぜなのか。

その答えはきっと、「個で立って生きているから」なのでしょう。

組織に属しているかいないかに関わらず、世の中には「個で生きている人」と「個を消して生きている人」の2種類がいる。中野さんは明確に、いや、強烈に前者であって、だから気持ちがいいのです。

これからは〝個〟の時代であり、世界という舞台で渡り歩いていくには、自分を主語にして意思を決め、行動できる資質が不可欠。中野さんはその手本になれる日本人の一人です。

現に、台湾を拠点としている中野さんは、中国人と信頼関係を築くのもとてもうまい。僕も中国で仕事をすることが多いのでよく分かるのですが、中国人は〝個の絆〟を非常に重視して、ビジネスを進めます。常に正直に、裏表なく自分の考えを語り、その通りの行動を見せる中野さんは、国境を越えた信頼関係を築くのも得意なのでしょう。

自分で決め、自分でその責任を引き受ける

自分の直観のままに即座に行動できる。その自信の源になっているのは、〝経験〟なのだと思います。若い頃にはお店を出して借金を負ったり、初めて訪れる国でいきなり事業を始めたりと、いろいろな経験をしてきたと聞いています。

吉と出るか凶と出るか、誰も結果を約束できない賭けに挑む経験を、中野さんは何度も重ねてきている。自分で決め、自分でその責任を引き受けることに慣れっこだから、時代が求めるセンスと自分のそれを一致させる勘所の精度も高い。そんなふうに僕は見ています。

実は親との縁は薄いほうだと思う、という話をしてくれたこともありました。「見知らぬ地で育った」という言い方だったような記憶があります。「だけど、周りの大人の愛情に恵まれたのだ」とも。

その話を聞いて、僕は中野さんという人間の根っこの部分が理解できた気がしました。人間を心から信頼し、人と人との絆を何よりも大切にする中野善壽という人間の。

中野さんのようにカッコよく生きるには何から始めたらいいのかと、その背中を追いかける若者たちには「旅をすること」を勧めたい。

一人で、異国の地に降り立って、静かに自分と対話する時間を持つこと。

僕自身が今でも大切にしている時間でもありますが、直観を磨き、個で生きるための第一歩になるはずです。

隈研吾（くま けんご）

一九五四年生。東京大学建築学科大学院修了。一九九〇年隈研吾建築都市設計事務所設立。二〇〇九年より二〇二〇年まで東京大学教授。

一九六四年東京オリンピック時に見た丹下健三の代々木屋内競技場に衝撃を受け、幼少期より建築家を目指す。大学では、原広司、内田祥哉に師事し、大学院時代に、アフリカのサハラ砂漠を横断し、集落の調査を行い、集落の美と力にめざめる。コロンビア大学客員研究員を経て、一九九〇年、隈研吾建築都市設計事務所を設立。これまで二十か国を超す国々で建築を設計し、日本建築学会賞、フィンランドより国際木の建築賞、イタリアより国際石の建築賞、他、国内外で様々な賞を受けている。その土地の環境、文化に溶け込む建築を目指し、ヒューマンスケールのやさしく、やわらかなデザインを提案している。また、コンクリートや鉄に代わる新しい素材の探求を通じて、工業化社会の後の建築のあり方を追求している。

ぜんぶ、捨てる

捨てるセンスを磨く。好き嫌いを意識することから。

「何を捨てて、何を残すのか。その選択のセンスはどうやって磨くんですか？」

僕があまりに思い切りよくなんでも捨てると思ったのか、インタビュアーからそんな質問を受けました。

自分にセンスがあるかどうかは、正直、よくわかりません。

ただ、一つ言えるのは、
そのときどきで僕は「好き・嫌い」をハッキリ意識するようにしてきたということ。

しかしながら、その場で口にする必要はない。
これは好きだな。こっちのやり方は好きじゃないな。
理由は後付けでもいいから、直感で主観を示していく。
最初は勇気がいるかもしれないけれど、
それをなんとかつくりあげていかないと、自分の中に主たる軸というものができない。

じゃあ、自分の「好き・嫌い」を身につける練習はどこでやってきたのか？
僕の経験を遡ると、その原点は幼い頃に祖母から手ほどきを受けた
「生け花」の稽古だったように思います。
どの花が好き。どの長さに切るのが好き。
どの角度で挿すのが好き。どの組み合わせが好き。
無限のパターンから、どう生けるかを決めるレッスンは、
大人になってからの〝直感を信じる決断力〟の基礎になったかもしれない。
今になって、そう感じます。

捨てる以前に、持たなくていい。家もクルマも、時計さえも。

「捨てる」ことについての話を進める前に。
僕は捨てる以前に、モノをできるだけ「持たない」ライフスタイルを選んできました。
家は台湾に一応ありますが、賃貸暮らし。
家具もごく限られた最小限のものだけで、
日本で仕事をするときには、ホテルなどに滞在しています。
クルマもなし。高価な腕時計にも興味はなく、仕事の打ち合わせを時間内で終えるための液晶時計が一つあれば十分です。

日用品も決して高級品ではありません。
服は通りすがりのアジア各地でパパッと、
いつでも捨てられるくらいの気軽なものを。
食べ物はコンビニの新商品を選ぶのが一番楽しい。
ご馳走は会食でいただくだけで満足。

「経営者としての収入を、家財に費やせばそれなりのものが手に入るでしょうに」
と不思議がる人も多いのですが、僕はまったくモノに執着がありません。
持たなければ、生活がモノで埋め尽くされないし、
土地や家を売買する上での煩雑な手続きもしなくていい。
何よりも災害での心配が一つ減る。

何より身軽な生き方が好きなのです。

所有は安定を生まない。ものを捨てれば、自由になれる。

家を買う、家を建てる。

住まいを所有することは、いまだに多くの若者の目標になっているようです。

僕はまったくそうしたいと思わない。

現に、賃貸やホテル住まいに不便を感じたことはありません。

なぜ家を買うのか。

「ここにいつでも戻って暮らすことができる」という安心感を得られるからでしょうか。

でも、それは逆に言えば「ここにいつまでも縛られる」ということ。

実際、台風や水害が迫る中、すぐにでも逃げ出すべきなのに「家が心配で残りたい」という人は毎度いるじゃないですか。

家のために命を捨てるなんて本末転倒。

かえって、生きることを不自由にしていないだろうか？　と疑問です。

阪神・淡路大震災の時、新築一戸建てを建てたばかりだった友人が嘆いていました。

一夜にして家を失った人たちを、僕は数多く知っています。

ものを所有することは安定を生まない。むしろ不安が増えるだけ。

「いつでも移れる。どこでもすぐに新しい生活を始められる」。

人生の選択肢を広げてくれる、そんな軽やかさを持ちたいと僕は思います。

思い出も捨てる。役立たないから。

思い出っていいものだ。
もちろん、僕にも大切にしたい思い出はあります。
けれど、大切だからといって、それにこだわるのはよくない。
美しい思い出ほど、それにしがみついちゃあいけないと思います。

過去を守ろうとすると、それは〝前例〟となる。

すると、前例と似たことをしたくなる。
前例がないと行動できなくなってしまうと、ますますよくない。

前例は未来を縛るもの。
激動する現代において、前例は役に立たない。
いつまでも新しいアイディアを捻り出せる人間でいたいから、僕は思い出も捨てる。
振り返らず、見たことのない景色を求め続けたいと思う。

持ち歩くのは
小さな鞄一つでいい。

身軽な生活を始めるに、一番手っ取り早いのは、鞄を小さくすることだ。
僕は飛行機に乗る時も、大きなトランクは持ち歩かない。
ハンドキャリーが可能な極小《ごくちい》さな鞄を一つだけ。どこに行くにもこれで出かける。
鞄の中に入れるのは、下着と靴下、ｉＰａｄ、家の鍵、眼鏡くらい。
出張先での服は現地で調達する。どうせ一カ所の滞在は長くても三泊四日だから。

あとは携帯電話、小さな財布、薄い手帳、
渡航に必要な貴重品を忘れないようにするだけ。
鞄を一つだけと決めて、サイズをコンパクトにするだけで、
自然と持ち物は減ります。
たくさん入らないから、数を絞らざるを得ない。
もしも鞄を二個も三個も持って、大きなトランクまで引っ張るとなれば、
入る分だけモノを詰め込もうとしてしまう。

最初から「これしか持っていけない」と枠を決めてしまえば、諦めざるを得ない。
新しいモノを買えば、古いモノを捨てるしかない。
常に持ち物が入れ替わる感じが、フレッシュで気持ちいい。
なんといっても預けた荷物の心配はいらないし、
荷物がターンテーブルから出て来るまでの時間が節約できる。
小さな鞄一つだけの生活、どうですか？

予定を捨てる。ひらめきのための余白をつくる。

僕の手帳は真っ白だ。
いつも持ち歩いている手帳には、滞在する国の渡航予定のみ書き、細かいスケジュール管理は秘書に任せているのですが、「できるだけ詰め込まないでね」とお願いしています。

意思決定する役割を持つリーダーは、

いつでもアンテナを張っていないといけないし、
思いつきの相談をいつでも受けられる余裕を持っていないといけない。
分刻みのスケジュールを自慢するようでは、重要な情報が入って来なくなる。

アイディアのひらめきは、
バラバラに入ってきた情報が思わぬ組み合わせで結び付くことで生まれる場合が多い。
「もしかして、さっき見かけたアレと、
二週間前に言われたアレは関わるかもしれないな」というふうに。
だから、〝ぼんやりと考える時間〟を意識的に持つことが
とても大事だと僕は思っている。
現場の仕事で忙しい年代だったとしても、
定期的に「何もしない時間」をつくって、
ぼんやりお茶でも飲む習慣を持ってみるのがおすすめです。

飲み会を捨てる。人間関係はがんばって広げなくていい。

日本の企業文化には長らく「ノミュニケーション」という言葉がありました。
仕事を終えた後、お酒を飲み交わしながら、親睦を深めるという習慣。
僕はお酒を飲まないので、ほとんど飲み会には行きません。
若い頃に先輩から誘われても、アッサリ断っていました。
仕事は昼間にしっかりやればいいんだから、夜の時間まで付き合うことはありません。
「でも、飲み会の席で広がる人脈があるかもしれないし……。

気が乗らなくても、顔を出したほうがいいんじゃないかと思ってしまうのですが」

若い人からそう聞かれた時には、ニッコリ笑って「大丈夫ですよ」と返します。

飲み会に出なくても、十分楽しく仕事はしていけます。

縁ある人とは必ずどこかで会えるはず。

そもそも人間関係なんて「合わない人がいるのが当たり前」。

そう考えれば気楽になりませんか。

がんばって顔を売ったところで、

一緒に仕事をする相手は三人か五人、多くて十人くらいのものでしょう。

一緒に働ける人が十人もいれば、たいていの仕事はできるもの。

夜は早く帰って休むか、好きな趣味や好きな人との時間に費やす。

酔っ払って朝寝坊するよりもはるかに、翌日の仕事のできもよくなるはずです。

人付き合いを捨てる。未来を語れる仲間だけでいい。

長生きの時代には、こまめに手放すことをしなければ、どんどん重荷が増えていく。
持ち物だけでなく、人との出会いもそう。
出歩けば、新たな出会いがあり、気づけば付き合いの数も増えていきます。
例えば、一年に出会う人が百人いたとして、
二年経てば二百人、三年経てば三百人。全員と仲良くするのは無理な話。
僕は、普段連絡を取り合う友人の数は、十人いれば十分だろうと思っています。

付き合いを続けたいのは、明るく未来を語れる仲間。
愚痴や不満を言っているばかりの人とは、自然と疎遠になります。

付き合いは長いほどいいというものでもなく、
会ったばかりの相手から新鮮な学びを得ることもしばしば。
来るもの拒まず、去るものは追わず。
いつでもオープンに、社交の扉を開けるようにしています。

慣れを捨てる。見知らぬ人との会話が刺激になる。

人間は慣れるとバカになる。
頭を使わなくなって、衰えていく。
だから、できるだけ不慣れな機会に身を置くことが大切だと、
普段から意識しています。

会話一つとっても、顔見知りの知人友人と会って話すと心地いいのは当たり前。

相手がどういう性格で、どういう話をしそうなものか、想像がつくので安心感がある。
でも、いつも同じ面子と会って、同じような会話をしてばかりだと、
どんどん頭が衰える。
大事なのは、自分に〝負荷〟をかけ続けること。
僕はむしろ見知らぬ町の市場に飛び込んでいって、
店内で買い物をしているおばちゃんと三分話すほうが刺激になります。
「おばちゃん、どこから来たの」「今日のおすすめは何なの」
「へぇー、珍しいね」「どうして？」
そんな話をするほうが、頭を使う。心が若返る。
そして、こういう会話は日常の至るところで、やろうと思えばいつでもできる。
毎日を豊かにする刺激は、日常の中にたくさん隠れている。

執着を捨てる。
精神の自由を選ぶ。

出会いがあれば、別れもある。
特に男女においては、一度夫婦になり、仲睦まじいときを経て、
離れる選択をするのは、決して珍しいことではありません。
僕の夫婦観は、「高め合える関係でなくなったら、離れたほうがお互いのため」。
そのほうが、長い人生をより豊かに、有意義に生きられると思うのです。
別れは、前向きな未来のためのスタートライン。

しかしながら、別れの局面で泥沼化してしまう男女はとても多いようです。

もったいないですよね。せっかく惹かれ合った仲なのに。

離婚訴訟が長引いて、相手への憎しみも募れば、楽しかった思い出も台無しです。

なぜ泥沼化してしまうのか。その理由の一つに「モノへの執着」があると思います。

「これは私のもの」「いや、俺のものだ」とお互いに譲らないから揉めるのです。

つまり、どちらかがサッサと手放せば、揉めなくなる。

「いらない」と手放した途端、モノに執着していた精神が解き放たれて、新しいことにエネルギーを注げるようになるはず。

それに、相手への感情も余計に汚さないで済むでしょう。

僕なら迷わず、精神の自由を選びます。

花も人も、対比で引き立つ。

世の中のすべてのものは〝組み合わせ〟によって、生かされたり、殺されたりする。
僕はそれを生け花で学びました。
花の色というのは、その花だけで引き立つのではなく、
隣に白を生けるのか、黄を生けるのか、対比がとても重要になります。
人間も同じ。
誰を隣に置くかによって、〝らしさ〟が引き立っていくものではないでしょうか。

仕事のパートナーを選ぶときも、できるだけ自分とは違うタイプのほうがいい。
似たもの同士はかえって危険で、
同じことを考える人間が二人いたって意味がありません。
長所を引き立て、短所を補い合える相手を見つけること。
僕はいつも〝組み合わせ〟を大事にして、采配してきました。
夫婦だってそうでしょう。
男一人、女一人、それぞれが魅力的なだけではうまくいかない。
私とあなたは引き立て合えるか？
そんな視点を持つようにしています。

本は捨てる。
また、新鮮な気持ちで読みたいから。

身軽な自分をキープするには？
そう聞かれたら、とにかく「捨てること」と答えます。
捨てる、捨てる、惜しげもなく、捨てる。
物理的にモノを捨てるのを習慣にしていたら、心も身軽になってきた。
そんな感覚があります。
例えば、読んだ本をコレクションのように本棚に並べるのが好きな人がいますが、僕はまったくの逆。
本は読んだら捨てる（古本屋に売る）。
どんなに感動した本でも、とっておくことはしません。
しかしながら、良い本はしばらく経つとまた読みたくなる。
そんなときは、また新品を買うのです。

だったらとっておけばいいじゃないか。そう思うかもしれませんが、
一回目に読んだときの自分と二回目に読みたくなった自分はまったくの別人です。
ゼロに立ち返って新鮮な気持ちで、フレッシュな学びに出会いたい。
そんな態度で、清潔なページをめくる瞬間が心地いいのです。

服はいつでも捨てる。こだわらないから、思い切れる。

服だって同じ。
だいたい二年持っていればいい方。
僕がファッション業界にいたことを知る人は驚くけれど、
五年前の服を着ると、五年前の自分に戻っちゃうみたいで好きじゃない。
そもそも、着るものにこだわり過ぎると不自由になってしまう、
というのが僕の価値観です。

目の前で可愛い子どもが絵描き遊びをしているとき、

「新しい服が汚れちゃうから、絵の具がついた筆を振りまわすのはやめなさい」

なんて野暮なことは言いたくない。

大人の役割は、子どもが夢中になって遊ぶ姿を見守り、そして応援すること。

「いつ捨てたっていい服」を着ていれば、
行動を制限されないから、いつでも思い切れる。

オシャレというのは、何も高い服を買わなくたって楽しめる。

要は組み合わせの妙だと僕は常々思っています。

その組み合わせも、絶えず入れ替えて変化を楽しむのが性に合っています。

そんな心の自由を一番大事にしています。

過去の残像を捨てる。いつも新鮮な自分でいる。

同級生が皆リタイアし、暇になって来ると、やたら同窓会が多くなります。
僕も短時間だけと決めて顔を出し、しばし旧友と語らうときを楽しむのですが、
「あら、また雰囲気が変わったね」と言われると嬉しくなる。
ある程度歳を重ねると、「変わらないね」と言われて喜ぶ人が（特に女性は）多い。
でも、僕はまったく嬉しくない。いつも新鮮な自分でいたいと思うのです。

顔の第一印象を決める要素の一つが髪型。
定期的にガラリと変えるのも、いつのまにか染み付いたマイルール。
だいたい五年に一度、行きつけの美容室で「思い切り変えちゃって」とお願いする。
今は、サイドを刈り込んだ左右非対称のスタイル。
次は、バリカンで丸刈りもいいかな？　なんて計画中です。

一番みっともないと思うのは、若い頃の髪型をずっと維持しているパターン。
自分自身の過去の残像をいつまでも手放せないとそうなっちゃう。
でも、今の姿には似合っていないことを本人だけが気づいていない。
友達を陰で笑うような薄情者にはなりたくないから
「いい加減、変えたほうがよくない？」って言って教えちゃう。
それも一つの優しさじゃないのかな。

新聞を捨てる。見出しで想像すればいい。

情報は最小限しか入れない。
情報源の一つである新聞に関しても、それをじっくり読む習慣は捨てました。
あるとき、気づいたんですね。
日々変わるビジネスや政治の情勢をだいたい把握するためだったら
「見出し」だけで十分じゃないかと。
最近は、ｉＰａｄに入れている「日経電子版」の記事一覧をパッと見て、そこに並ぶ見出しをザーッと眺めるだけで終わり。それでだいたいわかります。
見出しというのは要約中の要約だから、
その十数文字から想像するだけで記事の中身はだいたいわかるんです。
間違っているかもしれないけれど、
細かいことを多少思い違えても、どうってことないかなと思います。
本当に詳しく知りたいニュースだけは心に留めておいて、後から詳しく調べます。
優秀なスタッフもいますし、全部自分の頭だけに溜め込むのは、
かえって非効率だと思っています。
僕は昔から記憶力は結構いいほうで、「あの日に、たしかこんなことがあったよな」
と引っ張り出してきて、後から検索することもあります。
大事なのは、すでに起こったことではなく、
未来について考える時間をより多く取ることです。

演出を捨てる。どこで感動するかは、自分で決める。

大人になってからの娯楽も、僕は〝自由度〟が高いほうを選んできました。
同じ物語を楽しむなら、映画よりも読書派。
文字だけで表現される本なら、そこに描かれる情景を何色に染めるかは自由自在。
どこで感動し、どこで一息ついて余韻を味わうか。
緩急のつけ方だって、読み手が主導権を握ることができるのがいい。
映画となれば、なかなかそうはいきません。

音楽や映像の寄り引きを駆使して、
「ここで観客を感動させよう」という監督の意図が入って来る。
それが映画の良さでもあるわけですが、
僕は感動するポイントは自分で決めたいタイプなのです。

だから、僕にとって良い本とは、説明や解釈が多過ぎず、
読者が自由に想像できる余白のある文章で書かれてあるもの。
読み手が変われば、笑うやつもいれば、泣くやつもいる。そんな文章が好きですね。
「ここが面白かった」と持ちよる感想がバラバラ、
あるいは賛否両論の作品のほうがワクワクします。

実物を捨てる。極上の遊びは、頭の中にある。

モノに執着しない生き方を好むようになった原点はいつからか。
遡って考えてみると、それは子どもの頃からでした。
小学校低学年の頃に夢中になっていたのは、ダイアグラム。
架空の駅の名前を適当に考えて、線路をつなぎ、どんどん駅をつくっていく。
すると、街ができ、国ができあがる。
街の中には家や店を書き、その一つひとつに想像上の名前を書き込んでいくと、それだけで日が暮れるまで遊べるんです。
オモチャなんていらない。紙と鉛筆だけでいつまでも遊んでいられる子どもでした。

あの頃、もし「鉄道模型のオモチャを買ってあげようか」と言われたとしても、
僕は「いらない」と答えたでしょう。
なぜなら、実物そっくりのミニチュアが目の前にあったら、
自由な空想ができなくなってしまうから。

僕にとって最高の遊びは、
自分の頭の中で心置きなく想像をめぐらせて、自分だけの世界をつくること。
すでに現実世界でできあがっているものや既製品では、
ゼロからつくり出す自由を奪われちゃう。
極上の遊びは、僕たちの頭の中にあるのです。

スマホを捨てる。自分を失《な》くしたくないから。

街を歩いていると、皆スマートフォンを見つめています。
僕も昔、スマホを使ったことがありました。
でも、一カ月で嫌になって、やめました。

何が嫌だったかというと、情報が多過ぎて余計な時間を取られてしまうこと。
画面を開けば、ネットもできるし、アプリは無限にある。

結果、自分が処理できる以上の情報をついつい扱うことになってしまいます。

すると、いつの間にか自分を失くしてしまう。

これはよくないとすぐに気づいて、スマホ生活を捨てました。


今持っているのは、ガラケー。

正確に言うと、二〇一八年に復刻したａｕ「ＩＮＦＯＢＡＲ」というシリーズで、赤・白・水色の配色デザインが気に入っています。

どうです？　可愛いでしょう。自己満足かも……。

ゆったりと情報を見たいときには、ｉＰａｄで。

自分のペースを守るには、このスタイルが一番です。

スマホで観る貧しい映画は文化じゃない。五感で本物を受け止めよ。

一見便利なものが、実は僕たちの心を貧しくする危険をはらむことはよくあります。
これまで大切にしてきた文化を、失いかけてはいないか。
それは文化なのか、ただの文明の利器なのか。
いつも注意深くしていなければなりません。

例えば、映画鑑賞。

僕は映画館で観る映画こそが映画だと思っているので、
飛行機の中で観て「いい」と思った作品は、もう一度映画館で観るようにしています。
大画面でのストーリー展開、迫力の音。
作り手が想定したとおりの環境で観て初めて「映画を観た」と言えるはずです。
しかし、最近はスマートフォンの小さな画面でも簡単に観られるようになって、
映画館に行かない若者も増えているようです。
それは本当に映画と言えるのか。
自分の五感でしっかり受け止めた感動というのは、確実に自分のものになる。

「他人のレビューに左右されてばかりで、自分の感想がうまく言えない」

と密かに悩んでいる人がいるとしたら、

「まず本物を見なさい」と助言したいですね。

大画面で観れば、自然と感情が沸き立つものです。

文化とは、一輪の花。最高の贅沢として、捨てる。

僕が学生時代、粗末な学生寮で生活しながら、毎日毎日、花一輪を生けていたという話を前にしましたね。あの頃の僕にとって、一輪の花は心を豊かにするもの。贅沢であり、究極の自己満足。そして、文化そのものでした。同じように、若い人でも好きな絵を一枚、部屋に飾れる〝自己満足の生活文化〟がつくれたらいい。

そのために構想しているのは、
低価格帯のアート作品をもっと流通しやすくするシステムづくりです。
個人の信用を担保できるブロックチェーン技術を生かせば、
アートを購入した情報履歴がきちんと残り、
その都度、アーティストに報酬を還元できる仕組みが実現可能です。
これまで一部のプロのものでしかなかったアートの流通を改革して、
作家が持続的に収入を得られるシステムをつくれば、
若い才能がもっと発揮されるようになるでしょう。

一枚の絵を飾るためには、絵を邪魔しない空間をつくらないといけません。
壁際に置いているモノを片付け、余計なモノを捨てる。
結果的に、持ち物の数は減るでしょう。
でも、そのほうがずっと贅沢なのです。
〝捨てる贅沢〟こそが、これからの新しい価値になるはずです。

自分自身がバイブル。その生き方が、ただただ格好いい

日本空港ビルデング　取締役副社長

大西《おおにし》 洋《ひろし》

尊敬してやまない先輩、中野さんと私をつなぐご縁の発端は〝古巣〟です。私が大学を卒業して伊勢丹に入社したのが１９７９年のこと。グループ会社のマミーナに「破天荒だけれど、ものすごく仕事ができる先輩がいた」という評判は、いろいろな方面から伝え聞いていました。その頃にはすでに中野さんは鈴屋に移っており、直接仕事を教えていただく経験は持てなかったのですが、それから三十年経ち、私が伊勢丹の社長を拝命した頃から、お話ができるようになりました。

決断が早く、こうと決めたことは絶対にブレない

心からリスペクトする経営者は何人かいますが、その中でも中野さんは横並びにできない存在です。いつも颯爽としていて見た目も頭も若々しく、風格というのか、オ

ーラが違う。

決断が早く、こうと決めたことは絶対にブレない。実現したいビジョンが明確で、妥協はなし。周りの顔色を窺って意志を曲げることは絶対にしない。自分自身がバイブルである。その潔く嘘のない生き方が、ただただ格好いいのです。

私が今の立場になってから、エリア開発のプロジェクトに共に名乗りを上げたことが何度かありました。同じ夢を描けたことが光栄でした。そのうち一つは、今まさに開業に向けて準備が進んでいるところなのですが、実は中野さんは途中で身を引く決断をされました。理由はあまり語られませんでしたが、私にはなんとなく理解できました。きっとプロジェクトの進め方に思うところがあったのでしょう。すでに多額の資金を投じていたとしても、引くと決めたら引く。「あともう少し待っていただけたら…」と惜しむ気持ちも正直ありますが、中野さんらしいなと思いました。

クリエイティビティとビジネスセンスを兼ね備えたリーダー

寺田倉庫で実行された改革も見事でした。

あれだけの思い切ったイノベーションをやり切れる経営者はなかなかいません。クリエイティビティとビジネスセンスを兼ね備えたリーダーであり、非オーナーにもかかわらず強力な決断力と実行力を発揮していくのが中野さんです。

最も賛詞を送られるべきことは、「倉庫業」として長年培った寺田倉庫の提供価値を問い直し、業態そのものを変えてしまったことでしょう。アジアの富裕層に目を向けた高級品の保管ビジネスを前面に打ち出し、天王洲というエリアを丸ごと〝アートの街〟に変えてしまうなんて、スケールが違います。あれだけの結果を出しながら、それを鼻にかけることもなく、自慢話は聞いたことがありません。

これからは、事業のポートフォリオを新たに組み立てられる企業しか生き残れないはずです。中野さんのようなリーダーをいかに生み出せるかが、日本の産業界の課題であると私は思いますし、私自身もその背中を追いかける一人でありたいと願っています。

情に厚く、思いやりのある人間臭さも持ち合わせた方

もう一つ、中野さんが経営者として稀有な点は、生活文化に対する深い理解です。モノではなく文化こそが日本の財産になることを知っている中野さんは、芸術を愛し、それを生み出す人たちを応援し続けています。日本に本格的なアートマーケットを創ろうという活動にも積極的に参加されてきました。

結果には厳しく、必要であれば潔く切り捨てることも辞さない中野さんですが、人一倍情に厚く、思いやりのある人間臭さも持ち合わせた方です。他人とベッタリ付き合うことはしませんが、人の本質を見抜き、見守る方です。

ひと月ほど前のことですが、大勢が集まるパーティー会場で、私を名指しして前職の仕事を挙げ、「改革に積極的に取り組む社長だった」と激励してくださったこともありました。涙が出るほど嬉しく、一生裏切れない人だと思いました。

とはいえ、意思決定が早過ぎてついていけない時や、入れ違いになってしまいご一緒できない時もありましたが（笑）。

生き方の美学に魅せられる

私はファッションが好きで、経営者の人格も〝見た目〟に表れるという考えです。「見た目は関係ない」なんて嘘。何を着るかには、生き方の美学が滲み出るものです。

その点、中野さんのファッションはとても素敵です。カジュアルなデニムを着こなし、体型に合ったジャケットをさらりと羽織る。ハイブランドもノーブランドも自由に組み合わせて、「好きだから着る。今これが着たいから着る」という、裏表のないピュアなご自分を表現されている。

だからとても自然体で、誠実な印象を周りに与える。これこそが、大人のファッションだ。中野さんにお会いするたびに、私はその着こなし、そしてそこに滲み出る生き方の美学に魅せられています。

大西洋（おおにし ひろし）
東京生まれ。一九七九年慶應義塾大学卒業。三越伊勢丹ＨＤ社長を経て、二〇一八年六月より日本空港ビルデング取締役副社長、同年七月より羽田未来総合研究所代表取締役社長を兼任。
羽田空港内外で新しい価値創造を目指し、地方創生、文化・アートの発信に力を入れている。

あるがまま、働く

迷いなく、やると決める。ただし、朝令朝改。

僕はやると決めたら、迷いなくやります。
やるべきなら、すぐ始めたほうがいい。指示は明確なほうだと思います。
ただし、〝朝令朝改〟です。
朝六時に言ったことが、二時間後に変わることもあります。
社員も慣れたもので
「中野さん、今こう言ってるけど、昼過ぎには変わるかもしれないから、変化に対応できるよう気を払いながら進めよう」と慣れたものです。


だって、モンゴルの草原では朝晴れていたって、昼には雪が降るかもしれない。

すると、コートを着ないといけないでしょう。

それからまた晴れて気温が三十度まで上がっても、コートを着続けるのはありえない。


状況が変われば、行動も変えなきゃいけない。

二時間前の自分の発言にとらわれて間違った判断をするなんて、あっちゃいけないことだと思います。

「これが正しい」という〝絶対〟はどこにもない。

自分の判断さえ、決めた瞬間から疑っています。

思いついたことは、声に出す。
気合いをそのまま伝えたいから。

仕事でもなんでも、「あ、これを伝えないとな」と思いついたことは、すぐに電話します。

僕はだいたい朝五時くらいに起きて、ボーッとテレビのニュースなどを見ながら、今日やるべきことを整理する。六時半くらいになったら、思いついたことをバーッとスタッフに電話する。あくまで僕のペースの習慣なので、相手にはあらかじめ

「電話に出られなかったら出なくてもいい。留守電に入れておくから」と言ってある。
電話するのはだいたい一日十件くらい。

なぜメールではなく電話で、しかも、時間をおかずにすぐに伝達するのかというと、
思いついたときのワクワク感や興奮を冷ましたくないから。
考えを文字に打ち始めた途端に、気合いが萎えてしまうのが嫌なんです。
要は、勢いを止めたくない。
声というのは、その大きさやトーンに感情を乗せて、
言葉の内容以上にたくさんの情報を伝えてくれます。
アイディアは、口に出すのが一番です。それもすぐに。

できないものは、できない。諦めて次に進めばいい。

「仕事は、やりがいを持ってがんばりなさい」という教えをよく聞きます。
それもまた真実。しかし、一方で、「諦めも必要」と僕は思います。
つまり、自分の向き不向きをよく観察して、
「できないものはできない」と諦める力。

人はある種の諦めがないと、次に進めないことがある。

向き不向きがよくわからなければ、
もっと単純に「やりたいか、やりたくないか」で判断したっていいと思います。
どうも気持ちが向かないのに「あれもこれも、なんとしてでもやらなければ」と、
なんでも抱え過ぎていてはいけない。

僕の感覚では、本当に魂を込めた仕事というのは、一週間に一つできればいいほう。
自分で全部やろうとせず、できそうもないことは、
より優秀な人たちにやってもらう。こんな発想こそ、必要だと思います。

やめることを躊躇《ちゅうちょ》しない。

僕もこれまでいくつもの「やめる決断」をしてきました。

遡れば二十年ほど前、鈴屋という会社を辞めた後に、
自分の会社をつくったことがありました。
友人たちから出資を受け、資本金は六千万円。
都内のショッピングセンターなどに七店舗ほどテナントスペースを借り、

独自のルートから商品を買い付けて小売業を始めました。

売り上げはまずまずだったのですが、始めてしばらく経って「いまいちオリジナリティが足りない。これは続けるべきではないな」と判断。

開業から七カ月、店舗によってはオープンから一カ月後という異例の早さで、店仕舞いを決めました。


銀行の支店長には「もっと続けるべきです」と説得されましたが、僕の気持ちは揺るがず。

「いや、これ以上続けるほうが損を出して、あなたにもっと迷惑をかけることになる」と言い続けました。

六千万円をもったいないとは思いませんでした。

その執着をサッパリと捨てたからこそ、決定的な損失は免れた。

これは僕の失敗談でもあり、成功談なのです。

世の中捨てたもんじゃない。楽観主義でやり直せばいい。

これまでの人生を客観的に見つめてみると、
わりと僕の人生は「ピンチ」の連続だったかもしれない。
戦争の真っただ中に生まれ、家庭の事情で祖父母に引き取られて育てられました。
仕事を始めてからも、会社を突然辞めることになったり、
日本でのキャリアを捨てて外国で再出発したり。
持っていたものをゼロにして、

もう一回やり直すということを繰り返してきた人生です。
でも、僕自身はピンチという感覚はなかった。
ゼロからまた始めるのは怖くないし、
誰かが離れていったとしても人間不信に陥ることはまったくなかった。

世の中捨てたもんじゃない。きっと誰かが助けてくれる。
心の底からそう信じられるのは、ひとえに愛情を注いでくれた祖母のおかげでしょう。
叱っても必ずそのあとにぎゅっと抱きしめてくれた。
子どもは抱きしめられると、本当にうれしいんです。
小学一年生のときに担任だったタカハシタキコ先生も、
寂しそうな僕を気遣って、よく放課後に一分間抱っこしてくれた。
そういう愛情の伝わりは、一生残るんです。
おかげで、人懐っこく、誰に対しても心を開ける性格になりました。

未経験でいい。
自由な発想で、とにかくやる。

小売りのことも何も知らずに入ったマミーナという会社は、十人くらいのごく小規模の世帯。新人だろうが、なんでもやれと言われました。

検品センターをつくったり、商品を仕入れるバイヤーをやったり、今でいうマーケティングをやったり。

右も左もわからないけど、とにかくやるしかない。

ほぼ手探りの状態だったから、自分でこれだと思う方法を考えるしかなかったんです。

今思えば、すごくラッキーでしたね。

「服を売るとはこういうもんだ」という先入観がないから、発想は自由。オリジナルの服をつくる企画でも、「素材は一種類だけ。カラー展開も三色に絞って、その代わり、サイズをいっぱい揃えよう」と、当時の業界の常識とは真逆に。一人の若いデザイナーや先輩たちと知恵を寄せ合った結果、大当たり。

「前例がない」ということは「なんでもあり」ということ。未経験は強みである。

このときのマミーナの成功体験は、その後の僕の仕事のやり方に強く影響したと思います。

納得できないことは鵜呑《うの》みにしない。

納得できない理由では縛られたくない、というのがずっと変わらない僕のスタイル。
だから、わけのわからない会社のルールも全部無視していました。
例えば、出勤時間。なんで毎朝九時に自主的に全員揃ってなきゃいけないの？
お店は十時開店、九時三十分に来ればいいのに、
出勤時刻を守る意味がわからなくて、僕は遅刻ばかり。それともサボり癖がでたかな？
今なら、携帯電話やネットがあるから、どこにいても連絡が付くけれど、

当時はそういかない。僕は当初から小さなチームのリーダーを任されたわけですが、僕が何時に来るかわからないから、結構迷惑をかけてしまったようです。

車通勤が禁止されているのに、
借りてきた車を来客用の駐車場に駐めて怒られたこともありましたね。

「なんでクルマで来ちゃいけないんですか？」

「なんでって、お前、途中で事故でも起こしたら大変じゃないか」

「大丈夫です。保険もバッチリ入っていますし、事故を起こしたときには自分で責任を取ります」

「お前のことが心配なんだよ」

「心配しきれない人から心配されてもしょうがないです」

「生意気言うな！」

あまりに僕が言うことを聞かないので、さらに上の方まで出てきて騒ぎに。

今思えばおかしなやりとりだけど、僕はどんな小さなことでも、
納得できないことは鵜呑みにできなかった。

すっかり〝変なやつ〟として社内の有名人になっていました。

自力にこだわらない。他力を借りれば、なんとかなる。

就職して五年経った頃。伊勢丹が香港に進出することになりました。
香港といっても、中国に主権が返還されるずっと前で、今とは様子が違います。
当時はインターネットもないし、給料も通常振込ではなく海外送金。
何かと不便が生じる海外勤務を断った人は何人もいたようで、
僕のところに「香港に行ってくれ」という話が回ってきました。
僕はなんとも思わず、「はい、わかりました」と返答。

英語が話せたのか？　まるっきりできません。

それも行ってから気づいて「困ったな」と途方にくれました。

不慣れな土地で、専門的な知識を持つ人を見つけ、従業員も集めなきゃと、やること満載だったのに言葉もままならないのだから、いきなりつまずきました。

なんとかなる方法はないかな、と考えて始めたのは、
航空会社のオフィスに通うこと。
仕事を終えた日系航空会社の地元従業員に声をかけては、
「ご飯に行きませんか」とナンパしたんです。
相手にされるまで続けていたら、
「ご飯くらいならいいわよ」と付き合ってくれた十歳年上の女性がいて、
事情を話すと現地のネットワークをいろいろ紹介してくれたんですね。
それで、ようやく仕事が進み始めたというわけ。
菩薩や女神はどこにでも現れる。ありがたいことです。

やりたい仕事ができないなら、そこにいる意味がない。

香港から日本に戻って来た僕は、伊勢丹で楽しく働く予定でした。
ところが、たった一週間で思わぬことで方向転換。
先にお話ししたとおり、会社を辞めることになっちゃったんですね。
伊勢丹を辞めて、フラフラとしているとき、
ある人のつてで「うちに来ないか」と入れてもらったのが、鈴屋でした。
鈴屋は日本で初めてのファッション専門店として

一九六〇～八〇年代に急成長していた会社。
最盛期には国内に三百店ほど「SUZUYA」という店舗を広げていました。
僕が入ったのは、まさにその成長期のど真ん中の七三年。
名刺に書かれた役職は「社長室イメージ担当」。
今でいう、ブランディングといったところでしょうか。
何もわからず入ってきた僕のために新しく作られた仕事で、
何をやってもよさそうなポジションでした。

ちょうど鈴屋がパリ進出を計画しているタイミングだったので、海外赴任を希望。
パリで店舗を立ち上げた後は、ニューヨークへ、
そして帰国後はショッピングセンタープロジェクトを担当。
もうなくなってしまいましたが、「青山ベルコモンズ」という
日本初のファッションビルをつくろうという計画のメンバーにもなりました。
新しい職場でも思い切り好きなことをやりました。
遠慮する必要はない。
やりたい仕事ができないなら、そこにいる意味がないと常々思っていました。

場所にこだわらない。どこに行ってもやることは同じ。

鈴屋に入ってすぐにパリに飛び、続けてニューヨークへ。
大して言葉もできないのに、現地の店舗立ち上げを担当したという話をすると、
「どうやって?」と驚かれることがあります。
いやいや、たいしたことは何もしていない。
どうせ日本にいたって知識を発揮できるわけでもないんだから、
海外の都市に行こうが同じこと。

僕は大阪に転勤するのと同じくらいの感覚で、パリやニューヨークに向かいました。

現地に行って、まず困るのが〝言葉〟です。
僕は英語もできないし、中国語もできない。日本語も中途半端。
言葉の通じなさで言えば、
中学一年入学前に青森に引っ越したときのほうが大変だった。
会話ができないと仕事にならない。
そこで最初の重要な仕事になるのが、サポーター探し。
僕は自分を助けてくれる人をどこでも見つけるのが、すごく得意なんです。

過去や実績で判断しない。未来を語れそうな相手と組む。

頼れる相手を探すには？　しかも、言葉が通じない異国の場所で。
僕の方法は、すごく簡単だけど、人とはだいぶ違うかもしれない。
カフェに入って、ボーッと過ごしながら、他の客の様子を眺める。
いい雰囲気が漂う人物がいればさりげなく観察し、
目と目が合ったら、ちょっとだけ話をしに行く。
「僕はこういう仕事をしたいと思ってここにいるんだけれど、一緒にやらない？」

相手を見極めるポイントはなかなか説明が難しいのだけれど、目の色や温度感、なんというかフィーリングに近い。

それまで彼・彼女がどんな過去を歩んできたかには、あまり興味はない。

これから先どう歩むかによって、人はいくらでも変わるのだから、過去を評価してもに何にもならないから。


実績では判断しない。確証はないけれど、「もしかしたら、うまく一緒にやれるかも……」、そのくらいの感覚があれば十分にタッグを組める。

縁の始まりなんて、そんなものです。

気になった人には、すぐ会いに行く。

人は会ってみないと、わからない。

仕事は人と人との信頼関係でやっていくものだから、実際に会ってどういう人間なのか、お互いに自分を見せ合ってから始めるのが基本です。

僕は、興味の向く人物を見つけたら、とにかく会いに行く。

ついこの間も、台湾から日本へ移動する飛行機の中で、ふと目に止まった記事を切り抜きました。

神保町に「教育しない美学校」を運営している人がいるという記事です。興味が湧き、地上に降りて、さっそくアポを入れました。

新聞記事に書いてあることか本当かどうかは、実際に会って話を聞いてみないとわからない。

〝一次情報〟を自分で取りに行くのが、ものごとを理解するには一番早い。思い立ったらすぐにアポを取れるように、スケジュールはできるだけ詰め込まない。僕の手帳は真っ白です。

身軽な自分をキープすれば、余白が生まれて、常に新しいものが入って来る。そんな毎日のほうが楽しいと僕は思う。

中野さんは中野さんであり続けている

寺田倉庫　ブランディング担当
寺《てら》田《だ》朋《とも》子《こ》

物心ついた時から大人になるまで、私にとって中野さんは「父のお友達」でした。家族ぐるみでよく遊びに行き、最も古い記憶は小学校低学年の頃、北海道のトマムまでスキーに行ったこと。

私は大学からパリに留学してグラフィックデザインを学びました。卒業後は、資生堂パリにて、香水ブランドのクリエイター、セルジュ・ルタンスのもとでアートディレクターをしていたのですが、東京の本社入社を機に十三年ぶりに帰国したのが二〇一二年。

デザインの仕事は大好きで、リスペクトできる仲間もたくさんいたのですが、日本の大企業ならではの合議重視の意思決定ルールにはなかなか馴染めず、独立することに。その頃、父からバトンを渡される形で寺田倉庫の社長に就いていた中野さんから、

「こっちも手伝ってよ」と言われてクリエイティブの部分をお手伝いするようになり、二〇一六年九月から今の役職になりました。

美しいものを可視化し、それを発信していく

中野さんと働き始めてすぐ、驚くと同時に感動したのが、「デザインに対する理解度の高さ」でした。美しいものを可視化し、それを発信していく価値の重要性について、長々と説明する必要は一切ありませんでした。

かつ、クリエイティブにはお金も手間もかかるものであるという理解のもと（ただし、時間は悠長に与えてくれませんが 笑）、デザイナーの仕事を尊重して話をしてくれます。これは創業家出身の私だからではなく、誰に対しても同じ態度なのです。

クリエイティブは生物であり、ピュアで尖ったものであるほど面白い。事業全体を一番把握している責任者が「これがいい！」と信じてくれれば、それがベストだと思っています。

この点、中野さんは感覚で即断してくださる方で、ものづくりに携わる私たちはとてもやりやすく、満足のいく仕事がいくつもできたことに感謝しています。なんといっても「このエリアの付加価値を高めるためには、街の風景が美しくなければならな

い」と天王洲エリアの電柱まで地中に埋めてしまったのですから、スケールが大きい。

会社のロゴを刷新した時も、あっという間に事が進みました。「新しいロゴを考えて」という正式な発注があったかどうかさえ、よく覚えていませんが、中野さんと父と三人で「T. Y. HARBOR」で食事をしながら私が差し出した一枚のラフコンテを見た瞬間、「これだ。これで全部いこう」とすべて決まったのです。「企画書嫌い」「結果がすべて」を公言する中野さんらしい決め方だと思います。

アルファベットの「T」を縦半分に割り、カギカッコのように配置しただけのシンプルなロゴでしたが、同時に考えていた「余白創造のプロフェッショナル」というコンセプトも象徴した、視認性の高いシンボルを作ることができたと自負しています。

お互いに期待に応えられる関係でいよう

その後も、中野さんは〝デザイン重視〟の方針を貫き、コーポレートサイトのリニューアルなどもスピーディーに進んでいきました。ここ十年の寺田倉庫のイメージ戦略は成功したと言えると思いますし、それを支えた中野さんの功績は偉大です。これからは〝感性経営〟の時代だと言われますが、まさにそれを地で行く経営者なのでしょう。
私が一緒に働いていた、世界的なラグジュアリー香水ブランドのクリエイター、セルジュ・ルタンス。彼の言動と中野さんのそれが似ているなと感じることが時々あるんです。つまり、根っからのクリエイター気質。

それでいて数字にも強く、経営者としての目線も兼ね備えている。合わない人には合わないかもしれません。それは中野さんもよく分かっていらっしゃって、社員に対しても「お互いに期待に応えられる関係でいよう」と繰り返し伝えています。優秀と判断した人なら、二十歳の新人女性を事業の責任者に抜擢して、社内中を驚かせたこともありました。

「実行すること」が好きで、立ち止まっていられない

寺田家の人間だから言えることも、もう少しお伝えしておきましょう。世間のイメージでは、「中野さんがやりたいように改革を進めていった」と思われがちですが、私の印象は違います。父や兄たちとも、よくコミュニケーションをとれていたと思いますし、前代の社長だった父が「こうしたい」と託したビジョンを実現してくれました。

中野さんご自身は「やりたいことは別にないんだ。やらなきゃいけないことを実行

したださけ」とおっしゃいます。そしてきっと、「実行すること」が好きで、立ち止まっていられない方なのだと思います。

すごいなと感じるのは、どこに行っても、誰に会っても、染まることなく、中野さんは中野さんであり続けていることです。海外にあちこち行っていらっしゃいますが、決して語学が堪能な方ではありません。通訳を介して、ヨーロッパやアジアの要職の方々を前にひるまず、いつもと変わらない態度で応対する。日本の企業人にありがちな「持ち帰って、後日お返事します」はなし。その場で即答し、ものごとを進めていくから、外国人にも信頼されるのでしょう。社内でトラブルの相談をしても、すぐに解決してくださいます。

誰に何を言われても揺るがない〝強い個〟を持ちながら、初対面の相手も魅了してしまう〝人たらし〟でもある。中野さんは、リーダーとしての器が大きいなと感じます。

一方で、実は繊細で、相手の気持ちに敏感な面もあるのではないかとも感じます。それから、短所ももちろんあります。

中野さんの経営判断は実に鮮やかですが、ご自身の健康管理能力はイマイチ。甘い物が大好きで、検査のための食事制限中にもかかわらず、こっそり大福を六個も食べて、お医者様に怒られたこともあるそうです。以来、秘書からは「お菓子は一日一個まで」と制限されたとか。食パンを耳だけ残したり、子どものような一面も。「あんまり褒められるのは苦手だから、ダメなところも言っておいてよ」と笑う中野さんが浮かぶので、あえて暴露させていただきました。

寺田 朋子（てらだ ともこ）
株式会社 TETE BRANDING 代表。パリの ESAG Penninghen でグラフィックアートを専攻する。卒業後はフリーランスを経て、ラグジュアリー香水ブランド SERGE LUTENS にてアートディレクターを務める。資生堂入社を機に帰国し、グローバルブランドのアートディレクターに就任。二〇一四年に TETE BRANDING を立ち上げ、ブランディングや広告、デザインの領域でビジネスを展開する。二〇一五年よりデザインディレクターとして、寺田倉庫のリブランディング戦略に携わる。二〇一六年九月に寺田倉庫執行役員に就任、現在に至る。

なりゆきで、営む

人に頼むなら、信じて任せる。

朝からビュンビュン飛んできた僕の指示を、
優秀なスタッフたちは見ごとに打ち返してきてくれます。
それはそのはず。
僕は彼ら彼女らの能力の高さをよく知っているから、お願いしているわけです。
僕がやるより百倍仕事が速いのだから、皆の力を頼っているんです。

でもたまに、指示から半日経っても進んでいなくて、苛立つこともあります。

「僕のアイディアを簡単なキーワードにまとめておいて」という程度の簡単なことに、ずいぶん待つことはある。

でも、お願いし、任せたのは自分なのですから、我慢するしかない。仕方がない。

逆に、二時間かかると思っていたものが一時間でできあがって来るとうれしい。

しっかり感謝を伝えます。

できたら褒める。できなかったら我慢する。

こういう姿勢を貫かないと、人に任せることはいつまで経ってもできないと思います。

すると、仕事を一人でたくさん抱えて、本当にやるべきことができなくなる。

ちゃんと成果を出したいのなら、任せ上手にならないといけません。

一秒でも早くジャッジする。決断が社長の仕事。

課長には課長の、社長には社長の役割がある。
社長は会社の行き先を決める役割があるから、
「よきにはからえ」なんて言ってはいけない。
「こうしてみよう」「あれもやってみよう」といつでも提案できる人でなければ、
社長とは言えないと僕は思う。

そして、大事なのは決断力。それもスピーディーな決断力。
会社で働く皆が余裕を持って仕事を進めるためには、
一秒でも早く、社長がジャッジしてあげることが大事。
社長がいつまでもタラタラ迷って、ギリギリになって方針を決定するようでは、
現場はいつまで経っても動けない。
時間のロスがもったいないし、作業できる時間が減る分、仕事のクオリティが下がる。
かつ、決断を遅らせている間にも、刻一刻と環境は変わるので、
ますます精度は落ちる。
すぐ決める。
これが、社長に求められる一番の仕事だと僕は思っています。

ホウレンソウも企画書も要らない。求めるのは結果のみ。

僕は昔から、人に言われてやらされる仕事なんて面白くないと思ってきました。
社長になってからは、現場のことは徹底して現場に任せる主義。
ホウレンソウ（報告・連絡・相談）なんて要らない。
そんなの全然聞きたくないから、「勝手にやって」と伝えてきました。
僕の承諾を得るために、わざわざ企画書なんて書く必要はない。
ちょっと声をかけてもらって、話をしてもらえば、

「ああ、いいんじゃない？　やってみれば」で済む話。
「事務的な手続きだけは管理部門に相談してね」と言うだけです。
稟議を通すことに労力をかけるのはもったいない。
仕事を始めるための仕事が膨大に立ちはだかるなんて、無駄でしかないでしょう。

ここまで聞くと、やさしいようだけれど、結果に対しては厳しいんですよ。
やるのは自由。ただし、結果が出なかったり、
期待に応えられなければ給料はどんどん下がるし、それが続けばクビになる。
役職に応じてきっちりと責任を担うことを、いつも確認し合います。
仕事はお互いに期待する関係で成り立つもの。
何年もいるのに何も提案してこないという人とは、
もう一緒に仕事しても意味がないかなと思っちゃうんです。

数字は流れで見る。シンプルに判断する。

記憶力がいいと言えば、僕は特に数字に強いです。
一度聞いた数字はだいたい覚えています。
会社の売り上げや利益の金額は、
それが何年前のものだったかもバッチリ紐付けて頭に入っています。
「なんでそんなに覚えているんですか」と担当者にも驚かれるんですが、
お金を〝流れ〟で把握しているからでしょうね。

会計にはいろんなカラクリの技術があるけれど、
全体の額が増えたか減ったか、その総量は嘘をつかない。
そして、その増減には必ず理由があります。
だから、僕が会社の経営をチェックするときには、
「グループ全部の預金通帳を持ってきて」と言います。
そして通帳全部の残高を足して、半年前と比較する。
会社の規模からして、三千万円くらいの差は大したことはないけれど、
例えばですが、三十二億円あったのが二十億円に減っていたら、重要な何かがある。
そうやってお金の流れを見ていれば、大きな判断を間違うことはない気がします。

死んで花実が咲くものか。会社やチームは生きき残ってこそ。

僕は人を信じているし、人に期待するけれど、
結果の評価に関しては、わりとドライに判断するタイプなのかもしれません。
昔からオーナーと付き合いのあった寺田倉庫の顧問をやっているうちに、
「ちょっと僕にやらせてみ」と〝おしかけ社長〟になったのは二〇一一年のこと。
それから八年後に退任するまで、
僕は抜本的な改革と大規模な事業転換を行ったのです。

その方針に納得がいかないという人には、

「会社はあふれるほどあるから、自分に合う会社を探したほうがいいよ」

と転職を勧めました。

僕はそのときの判断が間違っていたとは思いません。
会社もチームも、生き残ってこそ恩返しができるんです。
死んで花実が咲くものか、と言うとおり。
僕は過去に自分が在籍した会社が、離れた後に勢いを失っていくのも見てきたから、
「生かす」ことにはこだわりたい。
どうすれば生き残れるか。どうすれば人から期待される存在になれるか。
それが第一優先であって、「人からどう思われるか」なんて顔色を窺《うかが》っていちゃあ、
手遅れになるんです。

部下を育てるなんて、とんでもない。ただ必死に関わるだけ。

鈴屋ではやりたい仕事を思う存分させてもらいました。
でも、相変わらず言葉はできないし、時間にはルーズだし、女癖は悪いしで、
社員としては五流の人材だったでしょうね。
会社は好調でみるみる大きくなっていって、気づけば部下も増えていって。
在籍した最後の方は、二千数百人の部下が……。
ところが肝心の僕自身には、「部下を持った」という自覚があまりなくて、

上下なく同僚がたくさんいるような感覚。

だいたい自分はいい加減な人間だと思っているから、
人を育てるなんて大それたことは言えない。
上に対して遠慮しないのと同時に、下に対しても偉そうにできない。
「部下を育てる」なんてとんでもなくて、
むしろ僕のほうが部下に育ててほしいとすら思っていました。
僕よりもずっと優秀な部下たちと働けるのがうれしくて、
こっちがちゃんとついていけるように、
ただ必死に関わり続けていたという感じです。

人生の航路はなりゆきで。

台湾に生活の拠点を移して、もう二十五年以上が経ちました。
人情深く、どこか懐かしい田舎感覚の文化が性に合って、
あれよあれよと現地企業で働くことになり、
気づけばこんなに時間が経ったという感覚です。
海外で暮らそうと思ったきっかけは、
成長期の鈴屋でリーダーの一人をやらせていただいたのですが、

十七年を経て、もう居場所がないなと感じたから。

その時期、僕にはいろいろな誘い話や「あの件はどうなっているんだ」と裏から聞き取ろうとする電話がひっきりなしで、煩わしく感じていたのも正直なところ。

なんとなく、環境も自分が望まない方向に変わっていくように感じ、身を引こうと決めたわけです。

決めたら行動は早い。次の日には空港に行って、パッと目に入ったシンガポール行きのチケットを買って、飛行機に乗っていました。

日本におけるキャリアの痕跡を残さず消し去るには、いなくなるのが一番だと思ったから。

この時点ではすっかりシンガポールで暮らすつもりでいたけれど、たまたまその飛行機が台湾経由で、一時間半ほど台北《たいぺい》に降り立つことに。

「ここでもいいや」とそのまま入国して、そのまま住み着いちゃった。

サッパリ捨てると、次の世界がどんどん開けてきました。

気になったら突撃訪問。どこからでも道は開ける。

鈴屋の役員を辞めて、
たまたまトランジットで立ち寄った台湾に入国しただけなので、なんのコネもなし。
職はもちろん、その日に寝泊まりする場所さえ決めていません。
信じてくれない人が結構いますが、本当です。
何もすることがないので、とりあえず台北の街をプラプラと歩いてみることに。
すると、街角に立派な建物が見えてきて、近づくと「台湾総統府」と書かれている。

さらに進んでみると、日本風の建物があって「経済部」と書かれてある。

「へぇ、こんなところがあるんだ」と興味を持って入ろうとしたら、守衛に止められてね。

「アポは取っていますか」

「取っていません。面白そうだから、中に入ってもいいですか」

「本日の見学は受け付けていません」。

そう言われるとますます興味が湧くものだから、口から出まかせがどんどん出てきます。

「台湾のために役立つ仕事を持ってきたんですが、誰か適当な人に会わせてくれませんか」

「約束がなければダメです」

「五分でいいから」

「だから、ダメなんです」

「台湾政府も器が小さいなぁ」

そんな無茶苦茶なやりとりを続けていると、誰かが通りかかりました。

僕の人生に何度も現れる菩薩の登場です。

なりゆきの瞬間を必死で生きてみる。

台湾総統府の経済部の受付で粘っていると、
「どうしたの？　困ったことでもありましたか？」
と日本語で声をかけてきた女性がいました。さすが親日派の多い台湾人です。
かくかくしかじかと説明すると、
「それじゃあ、私が話を聞いてあげてもいいんだけれど、
今はダメだから二時間後にまた来て。訪ね先はこちらに」。

そう言って渡された名刺には、なんとか局長と書いてある。

「あの人、偉い人だったんだ。ラッキーだなぁ」

なんて思いながら、外でお茶を飲んで再訪問しました。


通された部屋の奥に座っていたのはさっきの女性。

「十五分だけ時間をあげます。あなたが台湾で何ができるのか、英語で説明して」

「え！　日本語じゃないんですか」

「私、そんなに日本語の聞き取りうまくないから」

いやあ、参った。英語なんてロクにできないのに。

冷や汗かきながら必死で話した後、彼女は「わかった」と言いました。

「続きは明日ね。泊まっているホテルはどこ？」

「いや、今日来たばかりで予約していない」

「そうなの。じゃ、代わりにに取ってあげるから。明日はここに行って」

そう案内されて行った先は、中国生産性センター。企業オーナーたちの研修機関です。

僕はその後「教授」と呼ばれ、集中講義を任されることになりました。

思いつきで始めたことが、思わぬ展開を呼ぶ。

アポなしプレゼン後から、「教授」に。

一体、僕がどんな話をしてそうなったのかというと、こういう内容でした。

台湾はものづくりの生産拠点として発展してきたけれど、「いいものを安く」だけでは日本の二番煎じにしかならない。

西暦一六〇〇年の産業革命以降、

僕たちアジア人はアングロサクソン系にいいように使われてきた。
このまま世界の下請けに甘んじていいのか。
もっと価値あるものを世界に売っていこうじゃないか。
当時はまだインターネット開発の黎明期でしたが、
アメリカの軍事情報にその兆しがあると聞いたことはあったので、
「ダイレクトマーケティングの時代がきっと来る」という予想も。

とにかく、そんな大風呂敷を広げたら話が大きくなってしまい、
いきなり一日四コマ週五日の講義をやることに。
プログラムなんてないから、思いつきを話す放談でしかないんだけど、
なぜか妙に人気になっちゃって。
気づけば生徒が五十人、百人と増えて、教室も大教室に変更。
なんにも決めずに始めたことが、不思議な展開を呼ぶことになりましたが、
そこからまた思わぬ展開が待ってました。

新しいことにチャレンジする。ダメだったら、しょうがない。

なりゆきで始めた講義はなぜか好評だったようで、毎週毎週、いろんな台湾企業から派遣された生徒がやってきました。教室を拡大しながら、八週、九週と講義を続けていたある日、一人の生徒から声がかかりました。「先生、うちの会社に来てくれませんか」。それが台湾の財閥系コングロマリット、中国力覇集団。僕はそこのデパート部門の責任者として、経営陣に迎え入れられたのです。

その後は遠東集団に。こちらも生徒からの誘いでした。
優秀な秘書を二十四時間体制でつけられて、至れり尽くせり。
そんなつもりはなかったのに、
気づけばグループ中核会社の事業ＣＯＯ（最高執行責任者）
になっているんだから驚きです。
デパート事業といっても、僕は伊勢丹でも子会社出身だったし、
事業のほんの一端を経験していただけ。
また新しいことにチャレンジする局面に立っていました。

妙なことになっちゃったなぁと思いながらも台湾に居続けたのは、
台湾人の気質や文化性が気に入ったから。
日本の東北や九州の田舎のような、あったかくて、緩やかな雰囲気がいい。
象徴的なのが、彼らが口癖のように言う「没有辦法《メイヨブアンファ》」。
「しょうがないよ」という意味で、
「やってみてダメだったものは仕方ない。諦めて次に行こう」という潔さがある。
変にしがみつかない、この価値観が僕も好きなんです。

役職なんて
自慢にならない。

僕は出世にはあまり興味がなかったけれど、
どういうわけか、いつのまにかそれなりの役職に就かせてもらいました。
でも、僕のことを「社長」と呼ぶ社員は誰もいない。
肩書きがどう変わっても、いつも僕は「中野さんって呼んでね」と言ってきました。
「僕、今日はたまたま社長をやっているけれど、明日には辞めて、
公園の清掃員をやっているかもしれないから」ってね。

事実、会社の役職なんて、ただのポジションに過ぎず、それぞれの責任の範囲の違う役割を担っているだけ。

人格とはまったく別で、社長だからって踏ん反り返るのはおかしい。

仮に社長がエライとしたって、世の中には社長なんてたくさんいるじゃないですか。

統計によると、日本国内だけで四百万を超える会社があるらしいから、社長もその数だけいるということ。

役員なんてさらにいる。ゆうに一千万人を超えるでしょう。

こんなに世にあふれるポジションに就くことは、なんの自慢にもならない。

それにしょっちゅう交代だ退任だって入れ替わるんだから、「えっと、中野さんは今、専務だっけ？　常務だっけ？」なんて気を遣わせるのも悪いでしょう。

シンプルに「さん付け」で呼び合うのが一番いいんです。

自分だったらこうやる。批判精神が仕事を磨く。

婦人服事業、海外出店、百貨店、倉庫経営……。
振り返ってみると、僕はいつも未経験の分野にばかり縁が結ばれてきました。
しかしながら、「やったことないから不安だ」と思ったことは一度もありません。
それは若い頃から、先輩や経営層がやることに対して、どこか批判的な目というか、
「僕だったらこうやるのにな」と考えるクセがあったからかもしれないですね。
仕事以外の時間でも同じ。

例えば、同窓会で友達と行くお店で、会話を楽しみながら、
「このお店、こういうふうにしたら、もっと繁盛するはずだけどな」とあれこれ考える。

二十代の頃に勤めたマミーナでも、僕は相当生意気だったと思います。
先輩に対しても「それは違いますよ。やり方がおかしいです。僕はこう思います」
とハッキリ言ってしまう。
「お前なぁ。いいから言われたとおりにやれよ」と叱られても、全然聞かない。
自分流でやってしまって事後報告をしては、怒られていました。
マミーナのOB会に出たら、同僚だった女性たちからさんざん笑われますよ。
「中野君は三歳児と同じだった。仕事なのに好きなことばかりに夢中になってた」
と言われます。
「それって長所かなぁ」ととぼけたら、
「もちろん短所に決まってるでしょう」とまた叱られました。

持てる資産をとらえ直す。されば自ずと答えが見える。

寺田倉庫という会社は、政府から米を預かる倉庫として一九五〇年に創業しました。
当時は水運に恵まれた立地を生かして安定的な経営をしていましたが、
国内は船よりも飛行機やトラックでの物流がメインとなり、
物流の種類も量も増加していく流れの中で、
従来の倉庫業だけでは経営が難しくなっていきました。
僕が〝おしかけ社長〟としてバトンを受け継いだときには、

改革なんて大それたことは考えず、
「まっさらな気持ちで、新しい会社をつくるとしたら」という気持ちでいました。

現在の寺田倉庫が天王洲に構える倉庫の床面積は、全棟合計で約十万㎡。
これを通常の倉庫として商売するとしたら、物流的目線で見たとき、
より大規模で地の利のいいライバルに勝てるわけがありません。
持てる資産の価値を高めるにはどうしたらいいか。
僕は会社の資産は「倉庫」ではないと、とらえ直しました。
寺田倉庫がもともと持っている資産は不動産。
すなわち、場所であり、スペースです。

すると、自ずと答えが見えてきたのです。

価値を高める発想が
改革を生む。

過去の実績や今見えているものを一切捨てて、透明な眼鏡をかけて、その場に立つ。
そして、本当にその〝場〟が生きる方法は何なのか、じっくり考えてみる。
空港と行き来しやすいアクセスのよさやスペースの特長などを考えて、
最も価値が高まる稼ぎ方は何か。
導き出した答えは「アジア富裕層を対象とした保存保管事業」というものでした。
荷物をただ預かるだけでなく、ワインやアートなど、

保管環境によって価値が変わりやすく、
顧客が大切に保存したいと願うものを安心して預けることができる倉庫をつくる。
政情不安な国が多いアジア圏の富裕層にとって、安全ブランドが確立した日本の、
しかも空港から近い場所に預けられる拠点ができるというのは、
非常にニーズが高いサービスであるはずです。
一方で、誰もが気軽に箱単位で倉庫を持てる
クラウドストレージｍｉｎｉｋｕｒａ（ミニクラ）もスタートさせました。
付加価値が上がれば、一坪あたりの稼げる金額も上がります。
仮に一坪あたり月五千円多く稼げるようになったら、十万㎡で月一・五億円、
年間で十八億円のアップです。
価値を高める発想が、様々な改革を生むことになりました。

耳を澄ませて場の声をじっと聴く。

僕が社長になってやってきたことを「斬新な改革」と言って、「どうやったら、そういう発想力が身に付くのでしょうか」と質問されることがよくあります。

僕は特別なことは何もしていません。才能のあるイノベーターでもありません。やったことと言えば、ただこの場所に立って、ボーッと何時間も過ごし、声を聴くのです。

誰の声かというと、この場所が語りかけて来る声です。

「ああ、この場所は、もっとこういうふうに生かされたいと思っているんだな」と感じる。

誰かの知ったような助言やデータは余計な雑音にしかならないから、耳を貸さないほうがいい。

ただ、じっと場の声に耳を傾ける。

そのためには、やはり日常に余白は必要だと思います。

慌ただしく、余裕がなければ、本当に大切な声は耳に入ってきませんから。


天王洲のレストラン「T.Y.HARBOR」の経営を二十三年前に引き継いだときも、元のフランス料理から雰囲気をガラッと変えました。

もともとあった醸造所を活かした開放的な空間には、昼も夜も大勢の人が押し寄せ、予約の取れない店になったのはうれしいですね。

オープン二年目から、僕が社長をやっていた六年間を思えば、まるで夢のようです。

これもその後、同レストランを経営する、現TYSONS & COMPANY社長、寺田心平《てらだしんぺい》氏の感性とがんばりでしょう。

こだわりを捨て、
相手が求めるものを差し出す。

日本で成功した店を海外にも広げようとしても、
なかなかうまくいかないという話をよく聞きます。
僕はアジア、ヨーロッパ、アメリカといろんな国で店の仕事をやってきたけれど、
すごく苦労したという思い出はない。
一番大事なのは、こだわりを捨てること。
「こういう店をつくりたい」というイメージをガチッと固めてから挑まないほうがいい。

その街の雰囲気をよく観察して、「何か規制はありますか？」と聞き、
相手のカルチャーやルールに合ったものを新たに考えていく。
すでにある完成品のコピーをつくろうとするんじゃなく、
新たに違う店をつくるくらいの気持ちでいるほうがいい。
ワールドワイドなチェーン展開ではなくて、新ブランド。
だって、相手が求めていないものを差し出したって、しょうがないでしょう。
その国その地域の文化に馴染んでいかなきゃ、生きられない。
そこで暮らす人たちに、ローカルの店だと思ってもらえるのがベスト。
それで結果として、日本の役に立てばいい。
「日本らしくいこう」と戦略を固めて乗り込むんじゃなく、
水が高いところから低いところへ流れるように、
どんな形にでも変われるしなやかさを持つことが秘訣なんじゃないかと思います。

聞けば誰かが教えてくれる。既存《きそん》の組み合わせでいい。

台湾でもいろんな仕事をしてきましたが、
未経験の分野として「水族館の立ち上げ」という仕事も任されました。
任されたというか、自分で思い付いちゃったわけだけれども、
「住宅を売るにはどうしたらいいのか」と聞かれたから
「ビルの下に水族館でもつくったら」と提案したんですよ。
GOサインが出たのはいいけれど、やったことないから、またゼロから動くしかない。

得意の飛び込みで、池袋のサンシャイン水族館やら有名どころに「どうやったら水族館をつくれるんですか？」と聞きに行きました。
そしたら設計の専門家をちゃんと紹介してくれて、
さらに水族館専用の水圧に対応したプラスティック開発の専門家、水質管理の専門家と、数珠つなぎのように次々と先生がつながっていく。

当たり前だけど、聞けば誰かが教えてくれる。

わからなければ、教わればいいんです。

すでに誰かが使ったことのある技術も、それをいくつか組み合わせたら、新しい技術になることも結構あるんですよね。

すでに世の中にある技術を勉強した上で
「ちょっと違いを出すにはどうしたらいいかな？」と考えてみればいい。

ずっと考えていたら、ある日突然、ひらめいたりするものですよ。

最も影響を受けた人生の先輩の一人

NOBODY合同会社　代表社員

中野《なかの》 敢太《かんた》

父との関係は、親子というより、「最も影響を受けた人生の先輩の一人」という存在だった。そんな表現がしっくりきます。

僕が小さい頃――三十年近く前ですので、おそらく父が多忙を極めている時期だったでしょう――に、父が家に帰ってくるのは月に一度か二度。たまに帰ってきたかと思えば、政治経済で何が起きているのか、子ども相手に延々と〝世の中談義〟を繰り広げるのです。でもそれがつまらないわけでもなく、「へぇ、面白いな」と、いつまでも聞いていられたんですよね。

〝投資家の目線〟を持つ経営者

ほとんど会わない時期も経て、密に顔を合わせるようになったのは、僕が成人してからです。

二〇一〇年に寺田倉庫に就職し、二年半経った頃に金融ビジネスを学ぼうと銀行へ移って二年ほど働きました。それからフィリピン、カナダ、オーストラリアに計一年ほど語学留学をして、帰国後にベンチャー企業の手伝いをしたり、食料自給率向上のためのビジネスを自分で起業したりしていた頃に、「寺田倉庫でも食に関わるプロジェクトがいくつかはじまるから」と誘われて、再入社したんです。

ところが、いざ入社してみると、一週間もしないうちに、聞いていたプロジェクトの三つのうち二つが立ち消えに（笑）。「採算が合わないからやっぱりやめる」と躊躇がない。損切りが鮮やかで深追いしない点で〝投資家の目線〟を持つ経営者だと感じました。

はじめる時と同じくらいの強い意志で「やめる」ことも決断できる。父がこだわってきたスピードの徹底、それによって成し遂げられた成果のインパクトが、寺田倉庫がここ十年で「変わった」と評価される所以ではないかと思います。短期間で「変わった」と認めてもらうには、相応の変化率を要するはずですから。

父はいつでも「変われる」ことにこだわってきました。これまで国内外のいくつかの企業で経営を任されてきた時、オファーを受ける条件は常に「全権を任せられること」だったと聞いています。「経営者に期待されるのは変えることであり、何も変えることができなければ交代する意味はない」のだと。たしかにそうだと納得しました。

「シンプル・イズ・ベスト」を極める人

中野善壽という経営者を一言で表すと、「シンプル・イズ・ベスト」を極める人。良くも悪くもそう思います。

良い面で言うと、いつでも原点に立ち返って優先すべき取捨選択を見極められる。本来はたった一つのゴールを目指していたはずなのに、議論を重ねるうちにあれこれとオプションがくっ付いて事象が複雑化してしまう。ビジネスでよく起こりがちなそんな状況でも、父は迷わず「シンプル」に立ち戻って、本質以外を削ぎ落とすのが得意です。

逆に言えば、複雑な状態のままの事柄を決定するのは、難しいのだろうと思います。絡み合った膨大な情報を読み解き、シンプルな選択肢にするためには、一人ではできないという自覚があるのかもしれません。その部分に関しては、優秀なスタッフを周りに固め、情報を整地にし、決定力を高め、チームとしての機動力を高めているのが側で見ていてよく分かります。父が好んで使う「適材適所」という言葉は、自分自身にも向けているのだと思います。

つまり、父は決して「なんでもできる人」ではない。ある意味で潔く、自分の弱点を認め、〝できることの最大化〟に集中している。その結果が、「シンプルに自分の直感を信じて決める」という生き方であり、独自の武器になっているのでしょう。

ただ、僕からすると、「もう少し事前に熟考し、過剰なスピード重視とトレードオフになっているものにも、少し目を向けたほうがもっと良くなるのでは？」と思う時もあるのですが……。これは家族としての話も含めてですね（笑）。

死ぬ直前の十秒が幸せならそれでいい

親として、あれこれと指図されたことはありません。二十代で起業を決めた時も、「自分が成長するためのチャレンジならやったほうがいい」と背中を押してくれました。

人生は徳と業の積み重ねであり、ビジネスの大半は業だ。でも、人生の49％が業だったとしても、51％が徳となれば勝ち越しなのだとも。

父が口癖のように言う「死ぬ直前の十秒が幸せならそれでいい」という言葉からは、「何度失敗しても大丈夫だ。最後に笑えれば勝ちだろう？」というエールを受け取っています。

中野 敢太（なかの かんた）

一九八七年生まれ。二〇一〇年寺田倉庫入社、法人営業を経験する。二〇一二年から二年間の都市銀行勤務を経て海外に留学。帰国後はベンチャー企業支援や起業に関心を持ち、当時これに注力していた寺田倉庫への再入社を決める。政策秘書として中野の直轄部門のプロジェクト責任を担い、二〇一九年事業開発担当執行役員に就任。二〇二〇年に寺田倉庫を退社し、ベンチャー企業のCSO、CFOを兼任しながらも自身の事業の伸長に精力的に取り組む。

今を、楽しむ

毎朝欠かさず自分自身に誓いを立てる。

朝からせっかちに過ごす僕ですが、
どこにいても出かける前に欠かさない習慣が一つあります。お祈りです。
お祈りといってもささやかなもので、手を合わせて自分自身に誓うもの。
自分の名前と住所を言って、「今日もがんばります」と。
そして、「明日迄《まで》の食べ物はいただいているので、
資源をさらに増やせるように精一杯がんばります」。

最後に、「お導きには従います」。
この三つを必ず口にするんです。
持てる力を尽くして、流れには逆らわない。シンプルな信条です。
きっかけは、自己啓発系の本を読んで影響を受けてですが、
二十五歳くらいから五十年以上継続しています。
単純なものですが、「自分に祈る、自分に誓うっていうのはいいな」
という実感があるから、ずっと続けています。
ものごとがどうしてもうまくいかないときは、自分自身に負けているとき。
自分に負けないためにも、毎朝誓って姿勢を正すことが大事です。
だから、遅刻しそうだとしても、絶対に省きません。

帰宅して「ただいま」と言った後にも、必ず
「今日はありがとうございました。また明日もがんばります」と手を合わせています。

人生の楽しみは変わる。年代なりの楽しみ方を味わう。

今日一日に集中して人生を楽しむ。
人ができることとは、これに尽きると思います。

僕は七十五歳になりましたが、振り返ると、
二十代、三十代、四十代と、年代ごとに楽しみの中身は変わってきました。
二十代は女の子とデートする妄想ばかり。

三十代になって子どもが生まれると、子育てが楽しくなって。
子どもが育つ様子が面白くて、興味津々で、
子どもが泣き出すまで本気で遊んでいました。
小さい頃から防具を付けてピンポン玉を思い切り投げられて、
息子たちも気の毒です。「おかげで野球が嫌いになった」と文句を言われます。

仕事が面白くなってきたのは四十代からです。
朝から晩まで仕事のことを考えて、仕事の中に楽しみを見つけるというより、
仕事そのものが楽しみになってきた。
どの年代もそれぞれに充実していたし、
そのときでしか楽しめない目の前のことに夢中になっていた。
だから、「あのときにもっとこうしておけばよかった」という
心残りはほとんどない。これでよかったんだと思います。

人生はゴールテープの連続。死ぬ十秒前に「楽しかった」と思いたい。

僕にとって「人生の成功」とは。

そう考えてみると、人生で成し遂げたいという目標なんて、もとから持っていませんでした。

若い頃からなりゆきで、あっちこっち、思いがけない世界に顔を突っ込んで。

でも、そのときそのときで出会った人に助けられて、仕事を思い切り楽しんで。

恵まれた人生をこれまで送らせてもらいました。

すべては自分の力でやったことじゃなくて、いろんな人のおかげだから、「ゴール」は自分で決めないとね。

昨年、寺田倉庫の社長という役割を、子どもの頃には航平《こうへい》くんなどと呼んでいた、創業家三代目・寺田航平氏に引き継ごうと決断しました。

彼の顔を見て「彼はもうこんなに大人になったんだ。そして気が付けば、外でも経営者として立派な仕事をしている。彼のほうが実力があるかも」と感じたから。

会社の事業転換もほぼ完了した頃だったし、「僕が勝手におしかけたんだから、引き際は自分で決めないとね」と思ったんです。

人生が走り続けるレースだとしたら、ゴールテープを切れる瞬間が最高の気分を味わえるとき。

その瞬間は何度でもつくれるし、それは自分次第でもある。

その爽快な感動を何度でも味わって、死ぬ十秒前に「僕の人生、どのレースも最高だったな」と思えたら幸せですね。

すべての行いは因果応報。責任と覚悟と希望を持つ。

後世に継がれる尊い教え。その一つとして、僕が深く共感するのが、弘法大師・空海の思想です。

特に染み入るのは「因果応報」。

自分がやったことが、そのまま返って来る。うまくいっても、うまくいかなくても、全部、自分の行いが呼んだこと。

責任と覚悟と希望が持てる、とても好きな言葉です。

空海の思想については、学びを深めていきたいので、
空海をテーマにしたカンファレンスなども計画しています。
これからはアジア発の東方思想が世界を動かす時代になるはず。

僕の場合は空海でしたが、
自分の行動を支える思想が何か一つあるといいかもしれませんね。
何も難しく考えず、いろんな人の話を聞いて、
「あ、わかる気がする」「自分がずっと感じていたことと同じだ」
と共感を示すことから始めればいいんじゃないでしょうか。
自分の価値観を自力で整理するのは大変な作業ですが、
すでに思想として体系づけている先人はたくさんいるので、
ピンと来る人を見つければいいと思いますよ。

自然に負荷をかけない。本来あるべき姿で完結させる。

「T.Y.HARBOR」で食事をするときに、注文するものは決まっている。
これは僕だけのわがままメニューなんだけれど、
有機栽培の野菜のサラダとスープで、すごくシンプル。
胃腸があまり強くないし、夜は会食が多いから、ランチはだいたいこのくらいです。
あまり好きじゃないのは、遠い国からわざわざ輸入して来る肉や季節外れのフルーツ。

食べ物は自然からの恵みであって、
自然に負荷をかけてまで人間の食べ物に仕立てるっていうのは、
本来あるべき姿ではない気がするんですよね。
野菜も米も魚も肉も、自分が住んでいるところの
四キロメートル圏内で育ったものだけで完結するのが自然じゃないのかな。

僕がいつも頼むサラダの野菜は、外国から移り住んだ友人が作っている江戸野菜。
形は不揃いで、季節によって種類もまちまちだけれど、その不均一に合わせるほうが、
体にもやさしい気がするんですよ。
季節の変化を感じられて、
夏に採れる瓜には暑い日に必要なミネラルが入っていたりと、
栄養面でも理にかなっているらしい。
「医食同源」と言われる東方的な食の思想に共感します。

未来をよくするための時間にエネルギーを費やす。

「Aさんが退職のご挨拶に伺いたいと希望されています。
お時間はどれくらい取りますか？」
ある日、秘書から聞かれました。
Aさんとは、六十九歳の役職者。会社の功労者でもあり、長い付き合いです。
「十分でいいよ」と僕は答えました。
秘書も慣れているので、「はい、わかりました」と返しましたが、他の人にこの話をすると、「え、そんなに短いんですか」と驚かれます。
いいえ、僕は短いとは思いません。
長い付き合いだからこそ、必要な会話は十分に交わしてきましたし、
僕が長々と話したところで、彼の将来にはなんの役にも立たないでしょう。
僕は簡単に労をねぎらい、握手を交わし、Aさんを送り出しました。

もしも彼の年齢が二十代だったとしたら、僕の答えは変わってきます。
三十分、ないし一時間ほど時間をとって、餞別《せんべつ》の言葉を贈ろうとするでしょう。
なぜなら未来ある若者に対しては、
先々に役立つことが少しは伝えられるだろうと思うからです。
未来をよくするための時間に、僕はエネルギーを費やしていきたい。

焦らなくていい。友と遊ぶ日は、また来る。

三十歳の仕事熱心な若者から、こんな悩みを打ち明けられました。

「仕事は充実しているのですが、学生時代の友人と会う時間がなかなか取れなくて……。付き合いが悪いせいで、このまま疎遠になってしまうのではないかと寂しくなります」

僕は「心配しなくていいですよ」と笑って伝えました。

子どもの頃の友人たちと再会できるのは、歳を取ってから。

今の僕がそうですが、同世代はみんな会社を定年退職して時間を持て余し、しょっちゅう集まる約束を取り付けています。

僕もちょっと顔を出して、だいたい三十分から一時間くらいで「じゃ」と退席。

あまり長くいると思い出話を繰り返すことになるから、性に合わない。

そんな僕の性格を旧友たちもよく知っているから、「またな」と手を振ってくれる。

多くの同窓会に年一回、顔を出すのが、ここ数年の定番になってきました。

若いときには仕事や家庭のことで精一杯なのは当たり前。
それは皆同じだから、誰も「薄情だな、あいつ」なんて思わない。
一時疎遠になったとしても、
それは「お互いにニーズがないだけ」ととらえればよし。それも期間限定のこと。
再会のときを、気長に待てばいいと思っています。

異業種の元気な同世代と交流を続ける。

会社の内輪だけのつきあいは極力避けてきた僕ですが、若い頃から異業種で働く同世代の仲間との出会いは大切にしてきました。

たしか二十七歳か二十八歳頃、「アポロ会」と名づけ、勉強会を始めました。月に一回、元赤坂にあった「よしはし」というすき焼き屋に集まって、情報交換をする。会費はたしか五千円。

「五分でも遅刻したら、次から呼ばない」というルールで、この時間ばかりはしっかりと守りました。

僕が発起人となって集まったメンバーは、
のちの大蔵省の造幣局長、証券会社オーナー二代目、
地方の百貨店二代目、中堅リース会社副社長など、
そうそうたる顔ぶれでした。
そして、会費の一部を積み立てて、年に一回は海外旅行へ。
一度、中央アジアに旅行に行ったときにアラビア語の通訳として同行してくれた女性も、
今や大活躍のリーダー。この間、久しぶりに顔を合わせたら、
「オバケかと思ったわ!」と笑われましたよ。

会社の枠を飛び越えて、いろんな業界の元気な同世代と交流したのはよかった。
勉強会はかれこれ二十年くらい続きました。
そうそう、そのメンバーの中に居たのが、
寺田保信《やすのぶ》さん(現在の社長・寺田航平《こうへい》氏の父親)。
のちに寺田倉庫の社長にと、理解してくれた彼との出会いも、この繋がりでした。

フラリと立ち寄った先に人生を変える出会いあり。

僕が寺田倉庫で働くことになったご縁は、
四十六年前の寺田保信さんとの出会いにまで遡ります。

僕が主宰していた勉強会のメンバーに誘ったことが、きっかけでした。

なんで知り合ったのか。僕が気ままな散策をしていたら、たまたま彼がいたのです。

僕の友人が船舶の免許を取りに行ったときの話で、

「席が隣だった男がなかなか面白い人物だった。実家が寺田倉庫を経営しているらしい」

と言っていたのが、印象に残っていたのでしょう。
東品川の湾岸を会社の車で通りかかると、
ふと右側に「寺田倉庫」と書かれた建物が目に入ったんですね。
「あれか。せっかくだから行ってみよう」と、ハンドルを右に切ってもらって倉庫へ。
車を降りて入り口に近づくと、人が立っているので声をかけたんです。
「あの、寺田保信さんという方はいますか」
「僕ですが」
それが初対面。いきなり本人に会えるとはラッキーだと、
「僕の友人からあなたの評判を聞いて立ち寄ったんです。
せっかくだから、倉庫の中を見せてもらえませんか」。
僕もおかしいかもしれませんが、彼もおかしな人で、あっさり入れて下さいました。
「へぇ、結構汚いんですねぇ」なんて失礼なことを言いながら
案内してもらいましたっけ。以来、気が合って、友達になったという経緯です。
僕とは違うところでの強いこだわりと、
信じられると思った相手にはすべて任せることができるスケール感を併せ持った人で、
気がついたら兄のように感じる存在になっていました。

お金の使い道は
自分の心が決める。

お金はあまり使わない、という話をしました。
「じゃあ、貯め込んでいるのか？」と聞かれても、答えは「ＮＯ」。
貯金は昔からしない主義です。
自分一人が生活するのに必要最低限の現金を残して、
あとは寄付とアートの購入に使うだけ。
蓄財したところで、僕が死んだ後の揉めごとを増やすだけです。

寄付は、四十年以上前、僕が二十七歳の頃から始めました。
最初は、東南アジアの子どもたちに教育機会を提供する団体に。
当時はなけなしの給料の中から毎月三分の一ほど出していたので、
結構大きな出費でした。
「お金を自分のために使う」という考えを捨てれば、
他の人のために使う選択肢が広がる。僕にとっては、こっちのほうが気持ちがいい。

アートの購入は、資産としてのコレクションではなく、
若手アーティストを応援する目的で。
学生の展覧会なんかにフラッと顔を出して、「これ、売るとしたらいくら？」と聞く。
作家から金額を聞いて、「その十倍で買うよ」と言ったら驚かれたこともありました。

誰かに差し出された〝必需品〟ではなく、
自分の心が「価値がある」と感じられたものに、お金を使いたい。
そんな感覚があります。

定まった評価には惹かれない。魂のある作品を買いたい。

僕はアートに関しては、まったくの素人だけれど、
気に入ったアートを買うのは大好きです。
それもすでに評価が定まった作家のものではなくて、
これから世に出るアーティストの卵や学生がつくる作品のほうに惹かれる。
もっといえば、有名だろうが無名だろうが、そこに魂が込もっているかが大事。
魂という言葉を言い換えるなら、「一生懸命さ」。

一筆一筆、常人では気が遠くなるような集中力が見えて来る丹念な絵は、
自分の手元に置きたくなる。
草間彌生《くさまやよい》さんの水玉の作品がこれほど世界中の人々を魅了するのは、
あの世界に言葉を超えた魂が宿っているからでしょう。
アートは好きですが、そこに大金をはたくようなことはしません。
僕のコレクションは百万円以下で、もっと手軽に「汚れちゃっても構わない」と
日用品のインテリアとして買うものが多い。
アートをもっと日常で楽しめる生活文化をつくる仕組みづくりも、
僕がこれからやりたいことの一つです。

形あるものは残さない。形ないものをどれだけ残せるか。

月給が十万円の時代に、月二万も三万も寄付に回していたものだから、自分のための貯金に回す余裕はありませんでした。

今でも寄付は続けています。寄付先はいろいろですが、タイ北部といったアジア地域の、恵まれない子どもたちの支援に使うことが多いです。

普段一番使っているお金は移動にかかる飛行機代くらい。次にかかるのが洋服代。これは、行った先々で買うから。

長生きしたとしてあと二十年か、二十五年か。
今日倒れても、周りに迷惑かけないための現金だけを残して、
あとは全部寄付したい。資産も少しずつ整理して、シンプルにしています。
息子たちに残す資産もほとんど用意していません。
形あるものは残さないほうが、兄弟仲良く過ごしてもらえるでしょう。

本当に残るのは〝形にならない思い〟です。
例えば、子どもを叱ったとき。
ただ叱るのではなくて、なぜこんなに叱るのかをしっかり伝える。
部下に対してもそう。
なぜこんなに厳しく言うのか、〝思い〟もセットで伝えないと残らない。
形ないものをどれだけ残せるか。
それがきっと、人としての力量というものです。

旅は計画ゼロで。偶然の出会いが最高のガイド。

これまで訪れた国と地域は百三十ほど。プライベートでも海外旅行は好きです。

やっぱり、自分が知らない土地、知らない文化に触れることは、心を自由にしてくれます。若い人には旅をおすすめしたいです。

僕なりの旅の流儀を一つ挙げるとしたら、「計画を一切しないこと」。

ここまで読んでくださった方は、そうだろうなと納得してくれるでしょうが、僕は旅もノープランを楽しみます。

とりあえず飛行機から降りて街に出たら、感じのよさそうなカフェに入って「このへんでいいレストラン知らない？」と店の人に聞く。

「高いレストランがいいの？」と聞かれたら、

「あまり高過ぎるのはダメ。でも、そこそこおいしくて雰囲気がいい店がいい」

と希望を言えば、だいたい教えてくれます。


そして行ってみたレストランが気に入ったら、

「このへんで一番おすすめのホテルを教えて」と聞く。

センスのいい料理やインテリアを提供しているレストランで働く人は、だいたい、いいホテルを知っているんです。

ホテルの名前を教えてくれたら
「そこにする。今日泊まりたいから、悪いけど、予約してくれない？」

とチップを添えて。

次の日のランチもその調子で、行き当たりばったりの旅が面白いんです。

ふるさとに縛られるのも、幻想でしかない。

日本人がなかなか捨てきれないものの一つに、「ふるさと」があります。

生まれた土地とそこに紐づいた地縁。

「跡取り」として土地や家を受け継ぐプレッシャーに悩んでいる人も少なくないでしょう。

とらわれる必要はない、と僕は思います。

そもそも〝土着〟という考え方がなぜ生まれたのか。

歴史を紐解くと、それが時の為政者の施策でしかなかったことがわかります。

例えば、江戸時代の徳川幕府による土地政策。
各地の生産性を維持し、江戸への必要外の流入を防ぐために土地を与え、
寺などに地域の分所的役割を作ったのです。
個人が土地にこだわるようになったきっかけは、
人の管理と生産管理の一環でしかなかったのかもしれません。
「そんなものか」と思いませんか。
もちろん、こだわることで得られるものもあるでしょう。
けれど、もしかしたら失っているものも大きいかもしれない。
例えば、土地に縛られなければ外国だってどこだっていつでも飛び立てるんですから。
伝統工芸のような精緻なものづくりには継承が必須になるけれど、
それも「その土地じゃないと絶対ダメ」ということはないはず。
捨てちゃいけないものなんてない。それくらいの気持ちで、
一度、すべての「当たり前」を疑ってみることをおすすめします。

今いる場所を捨てる。いつでもゼロから始める。

住む土地にこだわらない。移住先の選択さえ、なりゆきで決めてしまう。
そんな価値観に至った源流をたどると、
子ども時代に転地を繰り返した経験が大きいように思います。
一九四四年生まれの僕は、家庭の事情で祖父母に育てられました。
本籍は東京ですが、生まれは青森県八戸市鮫町です。
小学校の頃に一度転校し、中学生の頃に再び青森へ。

同級生の津軽弁がまったくわからず、
一人になってしまったような心細さを感じたことを覚えています。
その後、大学は千葉に進んだので、また大移動。
東京で就職してからも、香港、ニューヨーク、パリと、
世界の都市で働く経験があったからか、
見ず知らずの土地に行くことにはなんの抵抗もありません。
一つの場所で固定した人間関係を築くような町内会的な発想は皆無。
「モンゴル遊牧民族的」な生き方とも言うべきか。
どうせ新しいことをやるなら、今いる場所でやるよりも、新しい場所で始めたい。
だって、今いる場所で始めたら、ここでやってきたことに影響されるじゃないですか。
いつでもゼロから出発できる。
そのほうがずっといい結果を生めると信じることができれば、
どこへだって行けると思います。

死ぬまで働き続けたい。自分を保つために。

僕は仕事人間のつもりはないけれど、
仕事をしなければ毎日はつまらないだろうなと思う。
もともとだらしなくてろくでもない人間なんだから、
仕事をして社会に参加しなければ、独房にだって入りかねない。
それは冗談として、自分をちゃんと保つため、
毎日を楽しむために仕事は死ぬまで続けたいものです。

それに、仕事をしないということは、生活を誰かに頼ることになる。
家族でなければ、国にお世話になる。そんな迷惑はかけたくない。
八十歳になろうが、九十歳になろうが、動ける体と心がある限りは、
誰もが働いて、少しでもいいから税金を納めるべきだと僕は思いますよ。
働き続けるつもりがあれば、「年金がいくら足りない」といった不安もなくなるはず。
年金はご褒美程度のオマケくらいに思わないと。
たくさん稼ぐほどがんばる必要もなくて、
自分ができそうな仕事から始めたらいいんです。
公園の掃除を元気な高齢者が買って出ることで、
その仕事をしていた若い人が他の仕事を始めることができるでしょう。
そういう小さな社会貢献ができる年寄りはかっこいいし、そうなりたいですね。

これからの時代に望むこと。
信頼の文化圏が栄える未来へ。

未来の予測なんて僕にはできません。
でも、こうなればいいなという希望はあります。
それは国境に縛られず、文化でゆるやかに結び付く世界。
僕は歴史や地理が好きでよく本を読むのですが、
世界地図に書かれる国境の位置は、時代によっていくらでも変わっている。
さらに昔に遡れば、国境という概念さえない時代があった。

ではどうやって、人と人が結びついて社会を発展させていったのかというと、
「文化の共有」だったのだと思います。
国や宗教といった属性ではなく、個人としての信頼でつながり、
自然の驚異に対応しながら、同じ文化を共有していく社会。
「中国人はこうだから、イタリア人はこうだから」
と属性で決めつけるなんてナンセンス。
世界人口と同じ数の多様性があって、仲間になれる組み合わせは無限にある。
個人の可能性を信じられる時代へ。
インターネットやブロックチェーンしかり、
個人の信頼をお互いに確認できる技術が追いつこうとしているから、
僕は希望を持っています。
僕自身も、そういう時代に近づくための
小さなロウソクの灯火になれたらうれしいですね。
そのささやかな灯火が、孫やひ孫の時代に、大きな炎となるように。
希望の種火となれる存在に。

「本当に実在する人物？」という疑念すらあった

寺田倉庫　広報担当

脇山亜希子《わきやまあきこ》

とにかく初対面の印象から、度肝を抜かれました。

外資系企業と広告会社で広報のキャリアを積んだ後、よりチャレンジできる職場を求めて、私が寺田倉庫の採用面接を受けたのは四年ほど前のこと。

最終面接に颯爽と現れたのは、聞いていた実年齢よりずっと若々しい社長。当時の寺田倉庫は、ほとんど社外発信をおこなっておらず、改革の旗振り役だった中野さんも謎のベールに包まれていました。

「本当に実在する人物？」という疑念すらあったほどです。

肝心の面接ですが、私への質問はほとんどなく、「僕はね、台湾でこういうことをしてきてね……」からはじまり、最後は天王洲をアートの街に変えるという壮大なビジョンに発展。「最終面接は何をもって採否を決めるのだろう？」と、内心不思議でした。内定後、人事に採用の理由を尋ねたところ「相手の目を逸らさず傾聴していたから」という答え。

今思えば、実に中野さんらしいユニークなテストでした（笑）。

「意志と覚悟」がある時は、信じて背中を押してくれる人

入社して最初にやるべきと感じたのは、寺田倉庫の認知拡大を目的とした戦略的なプレスリリース、マスコミによる取材獲得でした。中野さんのダイナミックな手腕で変わりゆく倉庫空間や天王洲の街並は、新参者の私から見ても非常に魅力的でした。

ところが、そこには大きな壁が立ちはだかっていました。他ならぬ中野さんです。「自慢は好きじゃない。プレスリリースは最小限でいいんじゃない？」とかなり消極的。

このままでは仕事にならないと、「必ず成果を出しますからトライさせてください」と思い切って言ってみました。すると、意外にもあっさりと任せてくれました。結果として露出数は飛躍的に伸び、以降は新しい取組があるたびに、プレスリリースを配信する事が社内で慣習化したのです。

この件がきっかけで、実は中野さんは頭の固い経営者ではなく、社員のアイデアや挑戦に「意志と覚悟」がある時は、背中を押してくれる人である事を学びました。

人と同じ事をやったら、人と同じ結果しか出ない

逆に、中野さんから斬新なPR戦略を提案され、目から鱗が落ちるような経験をしたこともあります。アートの街・天王洲を象徴するニュースポットとして、画材ラボ「PIGMENT TOKYO（ピグモン トーキョー）」が二〇一五年にオープンした時のことです。オープニングは、海外メディアのみ招待するよう中野さんから指示がありました。しかも「費用はすべてうちが持つ。天王洲における滞在が心に残るようにもてなし、記事掲載についても強制はしない」という条件でした。

私は中野さんに対して「メディアツアーは、記事掲載を前提条件とした上で主催者が費用を負担するのが一般的ですよ？」と〝こうあるべき論〟を即座に展開。ところが「なんでそこで一般論を持ち出すの？　人と同じ事をやったら、人と同じ結果しか出ない。そんなの面白くないでしょ」と論破されてしまいました。

私達は「航空券、宿泊費、滞在費持ち、掲載は自由」という好条件のもと二十八社の海外メディアに招待メールを送りました。すると、施設オープンまで三週間を切っていたにもかかわらず、なんと著名なメディア十二社から参加表明があったのです。

彼らの滞在期間中は、新施設の紹介だけでなく、ホテルに都内観光スポットの案内マ

ップや抹茶のスイーツを設置、広報からの感謝のメッセージを添える、最終日は、風情のある天王洲発着の屋形船を体験いただく。そんな徹底したおもてなしを行いました。

満足そうに手を振って羽田空港に向かう彼らの後ろ姿を見送りながらも「本当にこのやり方で良かったのだろうか」と不安を募らせましたが、それは杞憂に終わりました。それぞれのメディアが素晴らしい記事をもって世界に発信してくれたのです。ここから火がつき、数々の海外メディア、次いで国内メディアからも取材依頼が殺到するようになりました。

いわば〝中野流・逆輸入型広報戦略〟。聞いたことがないアプローチでしたが、メディアに対して記事掲載を要求しないことで大きな成果を挙げたのは間違いありません。このあたりの感性が本当に巧みだなぁと唸ったものです。

期待に応えたくなる引力がある

当時、中野さんから繰り出される斬新な発想を具現化するために社員は日々奔走していました。決して楽ではありません。

中野さんは思いついたことを、すぐに実行、指示しないと気が済まない性格。早朝深夜、お正月に家族とお屠蘇《とそ》を酌み交わしていようと、友人とバーベキューを楽しんでいようと、お構いなしで電話をかけてくるため、リーダー達は三六五日二十四時間、業務用端末を肌身離さず携帯していました。

みんな、「まったくもう困った社長だよね、勘弁してほしいよ」と裏では言うものの、なぜかちょっと誇らしげ。その理由は、中野さんが常日頃から口にされる、「僕はね、『できる』人にしか仕事を頼まない」という魔法の言葉。

この言葉があるから、踏ん張れる。

「期待に応えたくなる引力」が、中野さんにはあるのだと思います。

とはいえ、中野さんの期待に応える事ができず、結果が実を結ばない時もありました。そんな時、中野さんは、「了解、仕方ないね。次いこう」と、ばっさりと過去を捨てて、瞬時に未来に軸足を向けます。

「信じて任せた以上は、すべての責任は自分にある」というのが中野さんのビジネスにおける信条。すごく潔いなと思います。そして、期待に応える事ができなかった社員は、この姿勢に救われ、「次こそは」という強い意志をもってますます仕事に励むようになるのです。

つくづく、人を動かす能力に長けた方です。

「こうあるべき」というこだわりはサッパリと捨てる

そんな中野さんですが、七十五歳とは思えないエネルギッシュな生活を送られています。一年のほとんどは海外で過ごされていましたが、何事においても即断即決、デジタルデバイスを使いこなすため、距離を感じる事はなく、私達の業務はいたってスムーズに進行しました。

さらに、天王洲のオフィスでは、スタンディングデスクを愛用され、一日中立ちっぱなし。「だって、どっしり座っている人より、立っている人のほうが気軽に話しかけやすいでしょ?」と理由を話していましたが、たしかにその効果は大きかったと思います。社内では役職・雇用形態関係なく「さん」付けで呼び合うルールでしたが、一日中「中野さん、中野さん」と絶え間なく社員が相談に訪れていました。それにしても、社長が立って仕事をして、その他全員は着席している会社は非常に珍しいのではないでしょうか。

そのフラットな姿勢は社長を退いてからも変わりません。先日も、ある社員がプライベートのことで悩みを抱え、エレベーター内で遭遇した中野さんに相談したところ、秘書を通してすぐにランチのアレンジをしてくれたと喜んでいました。後から聞いた話では、その為に、ある企業の重役とのアポをリスケしたとか。

今、この瞬間に集中する。感性の赴くまま、どこまでも自由。「こうあるべき」というこだわりはサッパリと捨てる。そんな生き方の繰り返しが、中野さんの人生なのだろうと思います。

飾らず、まっすぐ、シンプルに

「捨てる」といえば、この本が世に出ることになった経緯もお話しておきましょう。

中野さんの本を出版したいというオファーはこれまでも数え切れないほどいただき、そのたびにすべてお断りをしてきました。理由は単純で、中野さんがまったく興味を示さなかったからです。送られてくる企画書は、彼の経営改革に焦点を当てたものばかり。自分の実績をひけらかすことや目立つことを好まない中野さんにとって、かなり優先度の低いものでした。

ですから、ディスカヴァー・トゥエンティワンの林拓馬さんから預かった企画書を手に、「出版の依頼をいただきました」と伝えた時も、中野さんの反応は容易に想像できました。

いつものとおり、一秒後に「やらない」と即答が。でも、今回ばかりは、もう一押ししたのです。

「そうですよね。でもね、今回はちょっとタイトルが良いのですよ」

「そうなの？　どれ？」

ぜんぶ、捨てれば。

大きなフォントで打たれたタイトルを見た瞬間、中野さんは表情を緩め、笑い始めました。この潔いコピーが、相当気に入ったようでした。さらに、「ビジネスの要諦ではなく、一人の人間としてのあり方を伝える本をつくりたい」と三十歳の若手編集者が熱っぽく綴った文章を一読した中野さんは、「いいよ。やろう」と即断してくれたのです。

「自分で自分のことを書くのは得意じゃない」という本人の意向を尊重し、執筆は聞き語りの形式で。インタビューによって引き出された言葉が並ぶゲラには、私たちが日常的に触れてきた中野さんの姿がそのままありました。

飾らず、まっすぐ、シンプルに。初の著書として相応しいものになったことを、一人の部下として嬉しく感じています。

脇山亜希子（わきやま あきこ）

武蔵野音楽大学を卒業後、イタリアに音楽留学。帰国後、世界第三位の外資クルーズオペレーターに就職。セールス、マーケティング、PRの研鑽を積み、十年にわたりアジア圏におけるクルーズの認知度向上に取り組む。三十五歳でKDDIグループの広告会社に転職し、海外戦略部マーケティングチーム及び広報グループのリーダーを兼務。二〇一五年、戦略広報担当として寺田倉庫に入社。二〇一七年八月に執行役員、二〇一八年六月に公益社団法人日本パブリックリレーションズ協会理事に就任、現在に至る。

結びに

何かの力に生かされ、導かれ、流れに身をゆだねてきました。
そして、多くの人と出会い、縁が、
それぞれを楽しく充実したものにしてくれました。

あらためて、人生とは楽しいものです。
お金も必要ですが、
もっと必要なものは、そのお金をどのような想いを込めて使うかです。

何かの「正解」はない。
なぜか。事実の百万分の一のことも私はわかっていないからです。
大脳の中の正解にこだわらず、感性に確かさを求め続けたいと思います。

すべてに感謝し、これからも人生を楽しみ、
一瞬一瞬に夢中になりながら過ごしてまいります。
このような私を今後も宜しくお願いいたします。

中野善壽

本書の著者印税は、東方文化地域で支援を必要とする子供たちへ全額寄付されます。

ぜんぶ、すてれば

発行日　2020年4月20日　第1刷
2021年2月5日　第7刷

Author | 中野善壽

Writer | 宮本恵理子

Book Designer | 井上新八

Publication | 株式会社ディスカヴァー・トゥエンティワン
〒102-0093　東京都千代田区平河町2-16-1 平河町森タワー11F
TEL　03-3237-8321（代表）03-3237-8345（営業）
FAX　03-3237-8323
http://www.d21.co.jp

Publisher | 谷口奈緒美

Editor | 林拓馬

Publishing Company | 蛯原昇　梅本翔太　千葉正幸　古矢薫　佐藤昌幸　青木翔平
大竹朝子　小木曽礼丈　小田孝文　小山怜那　川島理　川本寛子
越野志絵良　佐竹祐哉　佐藤淳基　志摩麻衣　竹内大貴　滝口景太郎
直林実咲　野村美空　橋本莉奈　原典宏　廣内悠理　三角真穂
宮田有利子　渡辺基志　井澤徳子　藤井かおり　藤井多穂子
町田加奈子

Digital Commerce Company | 谷口奈緒美　飯田智樹　大山聡子　安永智洋　岡本典子　早水真吾
三輪真也　磯部隆　伊東佑真　王廳　倉田華　小石亜季　榊原僚
佐々木玲奈　佐藤サラ圭　庄司知世　杉田彰子　高橋雛乃　辰巳佳衣
谷中卓　中島俊平　西川なつか　野﨑竜海　野中保奈美　林秀樹
牧野類　三谷祐一　元木優子　安永姫菜　中澤泰宏

Business Solution Company | 蛯原昇　志摩晃司　藤田浩芳　野村美紀　南健一

Business Platform Group | 大星多聞　小関勝則　堀部直人　小田木もも　斎藤悠人　山中麻吏
福田章平　伊藤香　葛目美枝子　鈴木洋子

Company Design Group | 松原史与志　岡村浩明　井筒浩　井上竜之介　奥田千晶　田中亜紀
福永友紀　山田諭志　池田望　石光まゆ子　石橋佐知子　齋藤朋子
俵敬子　丸山香織　宮崎陽子

Proofreader | 株式会社鷗来堂

DTP | 株式会社RUHIA

Printing | 大日本印刷株式会社

ISBN978-4-7993-2597-1